# 「定年後知的格差」時代の勉強法

人生100年。大学で学び、講師で稼ぐ

櫻田大造

関西学院大学教授・大阪大学博士



728

中公新書ラクレ

# まえがき――本当にコワイ定年後知的格差

人生一〇〇年時代と言われる。**そこでは、経済格差も問題ではあるが、知的格差は、経済格差と比べて軽視されている感がある。**

本書を最後までお読みになられるとおわかりいただけると思うが、人類史上、未曽有《みぞう》の超少子高齢化を受けて、でもなおかつ、世界第三位のＧＤＰを誇る現在の日本で、**「経済格差」よりもある意味コワイのは「知的格差」である。**

最初にそれを象徴するお二人にご登場していただこう。

## 能動的知的生活エンジョイ派A博士の一日

朝食後、日課の掃除と洗濯終了。六五歳で定年し、六八歳で課程博士号（3章で詳述）を取得。それ以来、母校で非常勤講師を週に二回。今日は授業準備もしなくちゃ。大学に行き、講師控室でお茶を入れ、自作の野菜たっぷりサンドウィッチを頬張りつつ、「アメリカ政治論」の最終確認。

テーマはアメリカ大統領選挙。お堅い話オンリーだと飽きるだろうから、余談も入れよう。「学校に来たら、みんな、お互いなんて挨拶するかな？　おはよー、オハヨー、オハイオ、Ohio……ということで（笑）、オハイオ州を制しきれなかった大統領は、六三年に暗殺されたケネディと二〇年選挙で勝ったバイデンを除いて、戦後いないんだよね」。

いつも前列の席に座るDさんが、クスッと笑ってくれる。純度一〇〇％の親父ギャグにうけてくれてありがたい。少なくともオハイオの名前は覚えてくれるだろう。

その後、アクティブ・ラーニングにチャレンジ。大統領選挙制度を変更するかどうかについて、賛成意見と反対意見に分かれ、侃々諤々《かんかんがくがく》の議論だ。こういう問題では、答えがないのが大学授業での「正解」だろう。学生たちがいろいろと考えていることがわかって嬉しい。

講義の最後に、勉強熱心なC君が質問しにきた。そうか、そこがわかっていなかったのか。教えることは学ぶこと。七〇歳になっても、熱心な学生を前に自分の専門分野を教えられるのはやりがいがある。授業とは関係ないが、最近のタピオカブームとその衰退について詳しく語る受講生もおり、なるほど！　と感心。自分の子どもよりも若い学生に接すると、まだまだ教えられることばかりだなあ。そのうえ、いろいろな情報も入手できる。

講師控え室ではコーヒー片手に、E先生とアメリカ政治の現況について談笑。彼女はカナダがご専門だが、アメリカもフォローしているので、話が弾む。講師の「役得」だなあ。最後に今考えている論文構想をお話しして、「今後カナダとアメリカの関係について、疑問が出てきましたら、メールしてもよろしいでしょうか?」と聞く。「イエス」のお返事をいただいて嬉しくなる。

その後、パソコンに今度発表する学術論文の章立てを書く。一時間くらいかけて骨子が完成。手ごたえアリだ。帰り際、この論文向けに図書館で五冊の本を借りて、ネットで入手不可な古い英文論文をコピー。さすが大学図書館!

亭主元気で留守がよいのか? 私が六五歳で会社を辞め、六八歳で給料は安いとはいえ大学非常勤講師に就いてから、妻もご機嫌だ。夕食に麦芽一〇〇%のビールと好物のマグロの赤身を用意してくれていた。学問はいつでもできる。そう、しみじみ感じる一日だった。明日からは借りた本を読み、論文執筆に集中するぞ!

＊以上の記述はフィクションです。実在の人物・団体・事件とは一切関係ありません。

## 受動的知的生活オンリーのB氏のある日

毎朝五時半には目が覚めてしまう。さーって今日は何をしようかな。六五歳で嘱託《しょくたく》を辞めてから五年が経過。あまり趣味がない私は毎日ヒマをつぶすのに困る。

まずは担当の洗濯。干し方について、また妻から注意を受けてしまった。やれやれ。気を取り直して、録りためたテレビ番組を見よう。二時間半ずっと見ていたら、妻が「ちょっとどいてよ」と掃除機をかけ始めた。

かかりつけの病院でも行っていつもの薬をもらうか。待合室はお年寄りばかり。うーん、こんなに混んでいるとは……。一時間半も待った。新聞でも持ってくればよかった。

昼食は妻と向き合いながら。妻は友だちとの予定をスマホで確認するのに忙しく、会話らしい会話がない。午後、妻はお茶会にでかけてしまった。暇だから近くの公園へ。持参した新聞を隅々まで読む。まあ情報収集はできた。

夕方に帰宅し、司馬遼太郎の歴史小説を読む。坂本龍馬については、このような見方もあったのかと納得。さて夕食だ！　テレビを観ながら、第三のビール（新ジャンル）をグラスに入れる。最後の一滴まで注ごうとして音をカンカン鳴らす。妻の視線がちょっとコワイ。結婚四〇年で子どもたちも独立したが、亭主元気で留守がいいと感じているのだろうか……。

あまり変わり映えしない一日。でも、まずまず満足だ。明日は何をしようか。どうやって時間をつぶしたら、妻のご機嫌を損ねないで済むのかなあ。図書館にでも行ってみるか……。

＊以上の記述もフィクションです。実在の人物・団体・事件とは一切関係ありません。

## 人生一〇〇年時代の勉強法

さて、対照的な七〇歳のA博士とB氏の生活ぶりを、読者諸氏はどう感じただろうか？**人生一〇〇年をどのようにして知的に生きるか？　それこそが本書の課題である。**結論を先取りすると、A博士のように**能動的知的生活**を送れば、パートナーとの関係円満、少しお金も稼げる、好きなビールもちょっとゼイタクな種類になる、などなど、ウィンウィンの結果となりうる！

本書のノウハウにしたがって、定年の前でも後でも、勉強を再開すると、まさにボーッと生きなくて済むのである。シニアの読者諸氏には、それに加えて、認知症予防のための勉強と知的生活の重要さをお教えしたい。**本書では、誰でも、いつからでも、どこでも可能な知的ライフスタイルを提示する。**

ベストセラーかつロングセラーとなった渡部昇一『知的生活の方法』（講談社現代新書、一九七六年）にならえば、A博士のような「能動的知的生活」を送るほうが、B氏のような「受動的知的生活」よりも、定年前後を愉しむ可能性がぐんと広がる。

**受動的知的生活とは、本やウェブなどで情報を集め、それを話題として取り上げること。能動的知的生活とはそれにとどまらず、それらの発見を記事、論文・ブログ・本などにまとめたり、受講生相手に教えたりすることである。**筆者は渡部昇一氏の意見すべてに賛同するわけではないものの、今なお有用な部分を評価している。それに加えて、**ウェブ時代の二一世紀型知的生活の方法**をめざすのが本書である。

## 大学（院）活用に三つの追い風

定年前になると、誰もが定年したらどうしようか？　と悩み始めるだろう。**そこでおススメなのが、勉強を中心とする能動的知的生活だ。**勉強は何歳からでも遅すぎないし、何歳からでも早すぎることもない。定年後の人生を充実させるために、うってつけなのだ。

自学自習もいいだろう。独学できるのならばそれに越したことはないし、自分で計画を立ててやっていけるだろう。しかし、本書では一つの案内として、カルチャーセンターや大学

（院）などの活用を訴えたい。特にシニアおよび現役でご多忙なビジネスパーソンなど賢明なる読者諸氏にとっては、今こそ大学（院）を活用する絶好の好機である。三つの追い風、すなわち、①「働き方改革」、②「ウェブ会議」、③「少子化による大学（院）定員割れ」の風が吹いているからだ。

①の「働き方改革」で残業が減り、自由な時間が増えると、好きな勉強ができる時間も増えていく。②の「ウェブ会議」も仕事上、対面でなくても必ずしも問題ないことが明らかになったという意味で、勉強の追い風となる。2章で詳述するように、ウェブ会議を使用しての大学（院）での指導は格段受けやすくなるからだ。最後の③「少子化による大学（院）定員割れ」は、読者諸氏の世代によっては、「えええええ？」と驚くべきことかもしれないので詳しく説明したい。

「アラ古稀《こき》」になった六〇〇万人以上の団塊《だんかい》世代は、家の事情で進学をあきらめた方も多々おられるだろう。また、大学の数そのものが当時は少なかったので、東大・京大というとスゴイ！　と畏れ入ってしまうかもしれない。同様に、アラフィフの団塊ジュニア世代（七一～七四年生まれ）も七九三万人ほどいるので、大学受験ではかなり苦労しただろう。

二〇年に日本で生まれた赤ちゃんの数は八七万人強しかいない。日本人物故者の数が一三八万人なので、マイナス約五一万人以上の人口減（『産経新聞』二〇二一年二月二三日）。おおむね鳥取県並みの人口が、消えてなくなるレベルである。二〇二〇年の一八歳人口は約一一七万五〇〇〇人であり、これが一八年後には三〇万人以上減っていくことになる。この少子高齢化は大学業界にとって完全に「逆風」で、「大学業界氷河期」と称してよいだろう。必然的に大学入試の倍率は低下し、入学生のレベル（特にギリギリで合格した層）も下がっていく。

## 大学院全入時代へ

学部のみならず、大学院入試もハードルが下がった。筆者が学部生だった八〇年代なら、母校の上智大大学院修士課程に受かるには、英語ともう一つの指定外国語（独仏西など）の二種類の語学筆記試験に加えて、専門分野（国際政治など）の筆記試験と指導教授予定者による面接試験があった。ところが、今や英語はＴＯＥＩＣ、ＴＯＥＦＬ、あるいは実用英語技能検定（英検）などの資格試験が一定以上なら筆記試験は免除。修士論文のテーマと研究計画書を提出し、面接のみで合格できる大学院もある（3章の表2を参照）。

英語を入試で必須にしない大学院も出てきており、大学院生倍増化計画もあるため、さらなる倍率低下が進んでいる。**今後はごく一部を除いて、実質的に「大学院全入時代」も到来するだろう。**そのくらい大学院のハードルが低くなっているのだ。

一方で大学（院）は、インバウンド（中国や韓国を中心とした外国からの観光客、学生などの日本への流入）の優秀な留学生を受け入れるために、日本語教育を充実させてきた。英語授業の導入も、グローバル人材育成を目標に推進中。ところがコロナ禍などで、インバウンドが一時的に止まったこともあり、今後は若者だけでなく、社会人入試で年齢層の高い学生を学部や大学院に受け入れていく傾向がさらに強まる。

**一例としては、大卒でなく、専門学校卒業の安倍昭恵元首相夫人のように、いろいろな活動履歴をもって大学院修士課程（立教大）に入り、修士号を取得するようなケースが増えていくだろう。**

## 強制されない勉強の愉しさ

「自分には勉強なんて向かない」とか「イヤイヤ、大学や大学院は私にはとても……」とか「勉強は好きではないので」などなど、ためらう読者諸氏もおられよう。でも本書を手に取**ったことそのものが、実は意識せずに受動的知的生活を送っている証である。**

そのような読者諸氏にとっては、「高校時代、実は数学はできなかったが、日本史はかなり好きだった」とか、「大学時代に国際法の授業だけは、真剣に聴いた」などの知的自分史エピソードをお持ちではないだろうか。教科書で勉強を強制させられるのは、必ずしも愉しいものではない。ところが、自分の好きなことなら寸暇《すんか》を惜しんでガンガンできるのが人間というものだ。興味関心のある分野で、ちょっと専門性のある勉強から始めることをおススメしたい。

あるいは、「営業面ではかなり面白い体験をしたが、それを系統立てて学び直し、文章化したい！」と感じている、退職前後のビジネスパーソンなら数百万人はおられるだろう。まさに神戸大の修士課程と博士課程に通いつつビジネス経験を積み、神戸大大学院助教授（当時）に転職した、平野光俊《ひらのみつとし》氏の事例を8章で紹介するので、ぜひご覧いただきたい。

筆者は、日本のビジネスパーソンの有能さを高く評価すべきだと、常日頃感じている。その実務経験を含む履歴を、「受動的知的生活」だけでなく、教え、ブログや論文などの形に結実させる「能動的知的生活」にしていくと、さらに見える世界が違ってくる。年齢にもよるが、いろいろな講師業への転職も可能になってくるだろう。

年齢や体力も人生における勉強には関係ない。たとえば5章でご紹介する、ガン・サバイバーにもかかわらず、七七歳で博士になられた吉岡憲章《よしおかけんしょう》氏のような、シニアの「スーパー能動的知的生活者」もおられる！

本書では読者諸氏と大学（院）とのマッチングの方法も具体的に示したい。本書を参考にして、いろいろな分野で独学法を身につける、あるいは大学（院）などの資源を活用して、学士、修士（MASTER）、博士（DOCTOR）をめざすこともできよう。**そうすることで、ボーッと生きなくてよい。認知症予防になりうる。パートナーや友人との関係も良好になり、A博士のような自己啓発を愉しみ、明日が来るのが待ち遠しいライフスタイルを身につけることができる。**

＊なお本書においては、文系の脚注方式である「シカゴ・スタイル」に準じて、文末脚注をつけ、主要出典情報などを明記する。各種新聞、定期刊行物、ネット記事、大学などのウェブサイトなども参考にした。原則として、二〇二一年二月までの情報が主となる。

目次

図表作成・本文ＤＴＰ／今井明子

# 「定年後知的格差」時代の勉強法

## 人生100年。大学で学び、講師で稼ぐ

初級編

# 定年前後こそ大学（院）で学ぼう

1章 大学（院）は「宝の山」、しゃぶり尽くせ！

### 体系的勉強、いつでも開始可能

頭も身体と同じく、使わないと衰えるのは必至《ひっし》。認知症予防のためにも、「知的生活」は有効となる。「まえがき」のB氏のように、受動的知的生活をボンヤリ送るのではなく（それはそれでよいかもしれないが……）、手始めにカルチャーセンターや講演会、セミナーへ参加するもよし、もちろん一念発起して大学や大学院に通うもよし、いくらでも知的に能動的になれる。**勉強には定年も限界もない。本書が主張する体系的勉強法を習得すると、一生モノの勉強法を身につけることができる。**

定年前後の世代にとって好都合なのは、大学や大学院は、体調や都合に合わせて学びを一時休止できる柔軟性に富んでいることだ。四年制大学なら八年まで在籍できる。3章で詳述するが、大学院ならなおさら、指導教授と相談して一時休止することも十分可能である。つまり、ちょっと体調が悪くなっても、定年前後の知的生活は持続可能な世界なのだ。

筆者の知っている例を挙げよう。アラ古稀の高尾《たかお》修《おさむ》氏は、パナソニック㈱やサンスター㈱に四〇年以上勤務し、特に海外事業を担当。米国のみならず、マレーシア、スイスなど合計二〇年の海外駐在経験を誇る国際派。六五歳の定年後、国際政治経済問題を本格的に学びたいと思うようになっていく。

特にアメリカの通商政策を研究したくなり、まず母校の関西学院大の学部に科目等履修生として登録し、期末試験を受け単位も取得。六七歳にして同じ母校の大学院修士課程に入学し、著名な教授からマンツーマンで指導を受け、無事修士論文も書き上げた。

さらに博士課程進学にも成功。ただしコロナ禍で一次資料の入手が困難なために、三年で修了するのではなくジックリ時間をかけることを決断する。現在、無理せずマイペースで博士論文を執筆するという、文字通りの能動的知的生活を享受している。

高尾氏曰く、「**やる気と多少の経済的余裕があれば、今までの社会人生活を通じて獲得してきた知識、見識を活用して、大学院生活を愉しめる**」とのこと。さらに、「学問的専門知

**表1　ジョハリの窓**

| | 自分は知っている | 自分は気づいていない |
|---|---|---|
| 他人は知っている | 開放の窓 | 盲点の窓 |
| 他人は気づいていない | 秘密の窓 | 未知の窓 |

識を学ぶことを通じて好奇心と知識欲を満足させてくれる」のが、シニアにとっての大学院のメリットだと指摘している。

　これは大学院の例だが、定年前後の勉強は、納期に追われてギリギリで働く仕事の世界とはまったく異なっている。小・中・高・大・大学院と専門的な勉強になればなるほど、柔軟性が出てくる。そして親のためとか世間体のためではなく、自分が求め、自己満足できるような「勉強」にシフトしていく。

## 「ジョハリの窓」と勉強

　自分自身と知的生活に関連して、心理学の自己分析によく使用される「ジョハリの窓」というマトリックスがある。[1]表1を見ていただきたい。「知」についての自分と他人の関係が簡潔に整理されていて、本書の狙いはまさにこの表で説明できる。

　受動的知的生活はこの中で、主に「秘密の窓」に該当する。原則、自分だけの愉しみとして勉強や読書をすることから始まるからだ。より能動的になり、独学などでブログや論文を書き始めると、他人も知っている「開放の窓」に移る。さらにカルチャーセンター（シニアカレッジやオンラインサロンなど含む）や大学（院）の授業などで指導を受けると、他人（教師や学友）は知っているが、自分には自覚がなかった「盲点の窓」にもいける。

最後に、修士・博士論文や本の執筆、そしてカルチャーセンター・専門学校・大学などで実際に教え始めると、それがさらなる学びや自己啓発にもつながる。そうか、自分はこういうこともできるんだなあ、こんなことはまったく知らなかったということで、自他ともに知らなかった「未知の窓」にも遭遇することになる。**本書冒頭のA博士や前出の高尾氏は、まさにこの「ジョハリの窓」のすべての窓を経験したことで、充実した「能動的知的生活」を送ることができているのだ。**

それだけではない。上級編で詳述するが、もしも修士号・博士号を取れば名刺に堂々と書けるし、晴れて研究者の仲間入りとなる。定年で仕事からは引退しても、一生「◎◎博士」と呼ばれることができて、確実に自己承認欲求や自己啓発欲求を充たせるのである。うまくいくとそれで稼ぐことも可能となる。メデタシ、メデタシ！

たとえ学位が取れなくてもムダではない。**そのような努力をしたこと自体が、自分の知的**

**可能性の探求そのものだ。**ジョハリの「未知の窓」を開くことにつながる！

さらに最近の研究によると、とりわけ四五歳前の若年性非アルツハイマー型認知症予防にも、教育や勉強が有効だということがわかってきた。[2] 繰り返しになるが、認知症予防のためにも、カルチャーセンター、そして修士号や博士号にチャレンジする、そのための勉強方法を身につけることは十分勘案に値すると思うが、どうだろうか[3]？

## 独学が難しいならカルチャーセンターへ

無論、人から教わるよりも独学のほうがよいケースもある。文系の勉強の延長線上に、自分の好きな本、論文、ウェブ記事などを分析する独学があるのは間違いない。論文や本を執筆する時にも、自分で問題（テーマ）を発見し、それに対する回答を下すという「問題発見能力」と「問題解決能力」が決め手となる。だが、「天才」ならそれがたやすくできるが、九割の凡人だとそうはいかない。**人間は怠けようと思えばいくらでも怠けられるし、独学だけだとメディア・リテラシー（何が事実で何がそうでないか識別すること）を身につけるのは難しいかもしれない。**

そこで、有料・無料の講演会やカルチャーセンターなどは知的生活に大きな刺激となり、最初の一歩としてもおススメできる。受講生として得る所は多いし、（教えることが苦にならないのならば）最後には講師側に回ることもできるかもしれない。

6章でカルチャーセンターなどの講師になる方法を伝授していくが、ここでは筆者の体験談を少しだけ紹介しておこう。実は筆者も、カルチャーセンターの受講者として、また講師として、どちらもトクをした体験談を持っている。

カルチャーセンターでは「ビール入門」の講座を受講した。筆者の趣味である「ビールを読むことと飲むこと」を充実させたかったからだ。ビールに関する本を読みつつ、多種類のビールを飲むことが当時はとても愉しかった。講師はクラフトビール専門カフェのオーナー経営者で、ビールに造詣が深い先生だった。最初に二〇問のイエス・ノーで答えるクイズから始まり、ビールの種類、醸造法、他の酒類と比べての特徴、飲み方の説明などの後には、お待ちかねの試飲タイム。同じく受講していたお二方と一緒に、当時まだ流行っていなかったクラフトビールを数種類味見した（むろん飲み足りないので、その後「自習」と称して必ず別のビアホールに行き、飲み直したが・笑）。

午前十時半頃から授業開始で、最後の試飲含めて一時間半くらい。全三回で六〇〇〇円の講座だったが、ビールの知識が格段に深まった。ほかに、クラフトビールにはすごくおいしいものとそうでもないものがあり、自分にとっては、大手ビールメーカーが作っている（アルコール度数の低い）ピルスナーで、十分満足できるということも発見となった（その学びによって、今やもっぱら宅飲みが趣味となったし、受講料は試飲も含めるとおトク！　と感じた）。

このように、カルチャーセンターで知的刺激を受けることもある。さらに、「ジョハリの窓」における「盲点の窓」（講師は知っているが、自分は気づいていない）に移れることも実感したのであった。

カルチャーセンター講師としてのデビューは、九四年の徳島大への赴任直後だった。国際事情についての基礎知識を徳島市近隣の町で主にシニア層と主婦層を対象に二回、できるだけわかりやすく教えてほしいと依頼された。

講師料金は九〇分で一回手取り一万円だったが、金額よりも良かったのは授業後の地域の方々との歓談。徳島でうどんやそばを食べるならこの店、洋食ならここ、ラーメンは独自のものがある、観光名所のおススメなど、地元民ならではのいろいろな情報を聞くことができた。ウェブがない時代、さらに赴任間もなく土地勘がない新参者《しんざんもの》にとってはまさに得がたい情報収集となり、講師料金以上の価値があった。

## カルチャーセンターと大学（院）の違い

ここまでカルチャーセンターを大学（院）と同列に扱ってきた。だが、本書では、できるなら大学（院）での勉強をおススメしたい。単位取得を目的とする大学（院）の授業と、そうでないカルチャーセンターでは違う部分が正直あるからだ。

筆者のカルチャーセンター講師経験からもそれは言える。兵庫県西宮市のシニア層向けのカルチャーセンターでも、国際政治について教えたことがある。二〇〇人を超す、熱心な受講生がいる講座であったが、人数の関係で質疑応答時間が取れなかった。また、兵庫県伊丹市でも、一五名の受講生に国際政治の基礎を全四回講義したことがある。その時は逆になかなか質問が出ず、大学で言えばゼミのような活発な議論を展開しうる小所帯《しょうしょたい》だったのに、やや一方的な展開で終わってしまった。

両方とも時給換算では徳島時代の数倍と良かったものの、筆者自身の知識の獲得や受講生からいろいろな事情・情報を聴く機会にはならなかった。受講生がどの程度筆者の講義を理解しているかの確認もできなかった。

もちろん、これは一事例にすぎず、すべてのカルチャーセンターに当てはまるわけではないだろう。が、往々にして、**カルチャーセンターだと、単位取得という形で自分の理解度を**

**評価してもらう方法がないために、講師からのフィードバックも少なく、知的生活も受動的なモノに留まってしまいがちだ。**

大学のゼミレベルになると、担当教員とメールやスマホのＬＩＮＥなどで連絡を取ることもできるから、フィードバックは何度も十分に行われている。

また、試験やレポート・論文というのは、あまり気が進むものではないかもしれないが、自分の学習達成度を測ることとは、脳に対して大きな刺激を与える。その意味では、独学や自主的な取り組みには限界があって、**単位取得という具体的な形である程度の締め切りや達成目標というものが提示されていたほうが、「能動的知的生活」をスタートするにはよいだろう。**

## 三〇年前とは違う！　現在の大学（院）事情

筆者が大学での勉強や学び直しをおススメする背景には、**大学側が優秀な社会人学生を大歓迎しているという大きな潮流がある。**現在の大学業界は、少子高齢化の波をもろにかぶって「氷河期」が続いており、救世主としての中高年にスポットライトが当たっているのだ。

それを裏付けるため、ここで大学受験生数の変遷を振り返っておこう。

今のアラフィフ団塊ジュニア世代が受験生だった頃とは、現在の大学の姿はまったく異なっている。団塊ジュニアの受験期は大学業界は「バブル期」で、「わが世の春を謳歌」していた。八六年〜九二年に大学受験をした世代は、大学側にとって「ゴールデン7」と呼ばれるほど層が厚く、入試もきわめて厳しかった。[4]

人口動態面で一八歳人口は九二年に二〇五万人とピークを迎え、大学・短大入学実現率（当該年度の大学・短大入学者数を同じく志願者数で割った値）は、八五年度の六九・一％から九〇年度には六二・七％まで下落。それからは一八歳人口の減少に伴って上昇し、九五年度が七〇・七％、二〇一二年度は九二・四％となっている。それ以降も一八歳人口は減ってきており、現在は一一七・五万人程度とピーク時からほぼ半減。さらに学部入試については、私学を中心に指定校推薦入試やらAO入試やら多種多様化して、在学中の高校の成績および課外活動歴などが証明できるなら、志望理由書と面接のみで大学入試実質合格ということも多々。

高校生の現役志向や安定志向（浪人回避）も定着したために、大学授業のレベル低下も喧《けん》伝《でん》されるようになって久しい。実際、いわゆる誰でも入れるボーダーフリー（Fランク）の**大学数も増加。短大などで潰れるところがある一方で、大学数は二〇一四年の七六一校から**

**一九年には七八四校まで増えている。**[5] いずれにせよ、大学数の増加と学生定員増加により、社会人にとっては大学で学ぶ機会が増えているのは紛れもない事実なのだ。

読者諸氏はこれまで懸命に働いて、国家や地方自治体に税金を納めてきたであろう。大学で勉強することは、税金を取り戻すチャンスでもある。国公立大学は言わずもがな、私学にも所得税や消費税をはじめとするいろいろな税金が投入されている。納税者として胸を張ってガンガン大学（学部や大学院）に入り直し、自分の子どもや孫世代と一緒に勉強すればよいのである。

## 受験勉強、資金、体調……いずれも心配ご無用！

ただ、そうは言っても、中高年にとっては受験勉強自体がハードルとなり、重い腰を上げるのは難儀かもしれない。しかしながら、そこは安心してほしい。各教科を勉強することが難しくても、社会人向けの学部入試や編入入試を実施している大学が多数あるからだ。

まずは「科目等履修生」として、近くの短大・大学の面白そうな科目を履修していき、積み上げ型で学位（学士＝大卒）を取得することも可能だ。[6] これらの学部レベルの授業受講は、カルチャーセンターのように、話を拝聴してちょっとだけ読んで勉強するという受動的知的生活ではなく、**より能動的な知的生活**へとつなげることができる。

既にご紹介した高尾氏のように、さらにやる気が出たならば大学院も視野に入れてみよう。大学院となるとなおさら少人数で、指導教授によるマンツーマン指導を受けることができて、確実に能動的知的生活の細かなノウハウを取得できる。

先立つものが心配という方もおられよう。老後資金二〇〇〇万円が必要とも言われる時代である。だが、その心配もご無用。お金をかけずに大学をしゃぶり尽くす方法だってちゃんとある。**ここでは無料でウェブ授業を受けて、宿題などを提出し、そのコースの修了書をもらえるという形を提案したい。**これは「日本オープンオンライン教育推進協議会ＪＭＯＯＣ（Japan Massive Open Online Courses Promotion Council）」というものであり、十分満足な「能動的知的生活」を送ることができるだろう[7]。

さらに体調が万全でなく、通学が心配だという方もおられよう。こういう方におススメしたいのは、実際の通学はあまり必要ない放送大学のような通信教育制大学。もっとも、入るのは誰でもできるが、卒業はそれなりの努力が必要な教育機関ではあるのだが。

**一時的に体調を崩しても、初志貫徹した方も多い。**本書では、大病で手術をした後に大変な苦闘を経て、なおかつ博士号を取得した吉岡憲章《けんしょう》氏（5章）や辻川誠《つじかわまこと》氏（8章）の例も提示しているが、励まされること間違いなしである。

## プールもテニスコートも学割も使える！

知的格差を解消するためにも、知的面での自己承認欲求を充たすためにも、大学（院）を積極的に活用して「能動的知的生活」を送ることを本書では提唱したい。そのために定年前であろうが、定年後であろうが、大学（院）をしゃぶり尽くせというのがメッセージの一つである。これから紹介していくように、**キャンパスは「宝の山」である。**

大学で教え、禄《ろく》を食《は》む者としては、大学が本来持っている資源がまだまだ十分に活用されていないなあ！　と感じるばかりである。ぜひ近所に大学があったら訪れてほしい。女子大でない限り、筆者のようなアヤシゲな風貌のおっさんでも通常出入り自由だ。

門衛に呼び止められたら、学食に行くでも、キャンパス見学でも、どうとでも説明はつくのである。コロナ禍でキャンパスが閉鎖された時期を除くと、大学はきわめてオープンな存在であり、学食のように部外者も大歓迎な施設もある。**学食は、大学生協が運営しているところも多く、通常の価格より安い**[8]。安くて量が多いけど味は……というのは過去で、イマドキの学食は設備がオシャレで、安くておいしくないと学生が満足できない！

ほかにもトレーニングジムだとか、スイミングプールだとか、テニスコートだとか、山小屋、ゴルフ場（！）など、学生になったら使用可能な施設は山ほどある。オンラインで検索してみると、どこの大学もウェブサイトで利用規則など公開しているはずだ。ほかに現役学生が手掛けるサークル活動で、無料の演劇、コンサート、寄席など、面白く参加できる行事もたくさんある。

無論、学生証を持つと、学部であれ大学院であれ、所属が証明され、学割が利用できる。プロ制作の映画・美術の鑑賞、音楽コンサート参加などの芸術分野から通学定期まであらゆるものが安くなる。

大学が開催地となる講演会、セミナー、ワークショップ、大学祭、コンサートなどの行事も、関心があるのならいくらでも参加できる。関西学院大学では、大学祭などの講演会に初代仮面ライダーの藤岡弘、、俳優の玉木宏、フワちゃんらを招聘し、コンサートでは、MISIA、コブクロ、いきものがかり、ナオト・インティライミなどなど諸氏が、演奏したこともある（しかも入場無料）。

見逃しがちなのは、各大学が契約しているパソコンのソフト（ワード・ワンノート・エクセル・ズーム）などを、自分のパソコンに無料でダウンロードして利用できること。また、大学がメール用のアドレスを提供してくれる。最近のパソコンやタブレットは、文字を見やすく（書きやすく）拡大できる。また、タッチタイピング（ブランドタッチ）ではなく、手書きで書いたもの、あるいはディクテーションという形で、口述したものを文字起こししてくれる機能もある。ソフトが使えるとさらに知的生活が楽になる。まさに大学には、至れり尽くせりの環境がそろっているのである。

**図書館をしゃぶり尽くせ**

学生にとって最も重要なリソースは、大学図書館だと言える。図書館サービスはかなり多岐にわたり、勉強熱心ではない現役学生諸君はあまり利用しないこともあるが、能動的知的生活をめざす読者諸氏にとっては決定的に重要だろう。最初にその大学独自の蔵書やデータなどのオンライン検索（ＯＰＡＣ《オーパック》＝Online Public Access Catalog）のやり方を覚えよう。所属する大学図書館にどのような本や雑誌があるか、ない時はどこの図書館から取り寄せが可能なのか、すべてこのＯＰＡＣ検索でわかる。

多くの大学図書館では、新聞などの主要紙は一年分のバックナンバーが紙媒体のまま置いてある。週刊誌も、一部を除き置いてある。普通なら入手が難しい学術雑誌や紀要《きよう》もあるし、

**各種データベースにアクセスして、新聞や雑誌を読むことも可能。**5章で詳述するが、筆者など無い知恵を絞って、弊学のライブラリアン（司書）に実質的に「秘書」として作業してもらい（無論、無給）、本を一冊まるまる書き上げたこともある！

現役学生諸君はリア充生活を求めて、憧れのルンルン（死語）キャンパスライフを送りたい！　と思っているかもしれない。ウェイウェイ系のキャンパスライフ・エンジョイ派は、試験前の詰め込み勉強時間以外、あまり図書館には行かないので、普段は案外すいている。

社会人学生ともなれば勉強したいから、学び直したいからという明確な目的で大学に来られていよう。なので、ウェイウェイ系に惑わされずに、図書館などで能動的知的生活を送ることができる。**時間に余裕のある場合は、朝一など好きな時に行ける。まだ現役世代の読者諸氏なら、あまり若い学生がいない土日などに、図書館を利用できよう。**

**担当教員をしゃぶり尽くせ**

さて施設などの資源をしゃぶり尽くして「元を取った！」と満足したら、今度は大学の担当教員の利活用である。

最初に注意事項を述べておこう。

大学教員と言えば、福山雅治氏出演のドラマ『ガリレオ』シリーズを思い起こす読者諸氏もいるかもしれない。しかし現役の大学教授の筆者としては、「あんなイケメン教員いねーヨー」と吐露したい（笑）。読者諸氏におかれましては、大学教員にルックス面などのビジュアル度を求めては困るのであります。なんといっても**大学とは知の前の平等を模索する場所**。そのための手助けをするのが大学教員。教員活用術としては、どんなことでも質問して、自分なりに解決していくことが求められる。**知の前の平等においては、質問や疑問の良さ・悪さなどない**。どこがわからないのかを、教員に伝えることがきわめて大切だし、教員もそれを望んでいることを力説したい。

ルックスよりも、はるかに授業内容が重要なのは言うまでもない。本書冒頭のA博士の講義のように、ちょっとでもおもしろい！　なるほど！　と思ったら、講義の最後（質問時間になっていて、普通は大人数授業でも個別に質問できる）に、ドンドン質問できるのが大学（院）生の特権である。

さらに注意事項だが、いわゆるFランク大学であっても、優秀な教員の方々は多々おられる。大学の専任教員で食っていくのは、今やかなり至難の業となってしまっているためだ。[9]有能で、バリバリ先端研究を実施している学者が、あまり知られていない大学に勤めているケースもかなりある。こうした教員を調べて、直接教わるのも狙い目だ。

それでは、どのようにして優秀な教員を見極めればよいのか？

一つの目安は、**日本の文系大学（院）なら、教員の博士号や著作物（研究業績）で判断が可能である。**あるいは、法学など博士号取得が難しい分野なら、国立国会図書館（National Diet Library＝NDL）かCiNii《サイニィ》などで検索すれば、どのくらい学術論文などを書いているのかがわかるだろう（5章で使用方法を詳述）。リポジトリ（紀要などが当該大学のウェブサイトで貯蔵・開示されていること）で公開されている場合には、ウェブ上でその論文を読むことができる。

## 勉強仲間（学友）をしゃぶり尽くせ

定年前後の大学（院）生にとって得られる大きなメリットとして、若い大学生や院生と知り合いになれることを挙げたい。

筆者の学生時代でも、一〇歳ほど上の先輩が英語を習得したいと入学してこられた。また銀行に五年勤めた卒業生が、やはり英語学科に編入された。こういった方々と一緒に授業を受けたり、しゃべったり、呑みに行ったりすると社会勉強になり、非常に面白かった。当時はウェブもまったくないので、自分の知らない会社員生活の大変さなど、いろいろと学ばせてもらったものである。このように、勉強仲間を大学や大学院で作るのは、あまり難しくない。

前方の席に座って熱心に勉強しているマジメそうな感じの同級生に、「ここ教えてくれませんか？」と話しかけても、まったく問題ない。ゼミなどの少人数クラスでは、食事会やコンパがあるので、その場で打ち解けることもできよう。

**定年前後の読者諸氏に対しての注意点は、ともかく上から目線での接し方は、あまり良い結果をもたらさないということだ。同じ勉学をともに志す仲間として学友に接し、わからないことは「教えてください」という謙虚な姿勢で接するとうまくいくだろう。**

聖書の言葉を引用すると、大学とは、まさに「**求めよ！　さらば与えられん！**」という空間であり、**自分から積極的に動かないと損をするカラクリになっている。反対に利用すればするほど、授業料以上の便益が得られる。**[10] そこが指導要領にしたがって学習する小・中・高などとの大きな違いである。社会経験豊富な定年前後世代の読者諸氏なら、まさに自分から主体的に動くことが多々できるだろう。

## 実におトクなライフスタイル

このように、大学などで若い学生たちとともに能動的知的生活をしていると、世間一般的な（?）マウンティングは必要なくなる。見栄を張るような場面も減っていく感がある。

もちろん、乗用車や身につけるブランド品などの持ち物で所有欲や虚栄心を充たすことは、それはそれなりの立派な生き方を反映し、ある種の価値観ではある。

しかしこのような経済格差に左右されがちなライフスタイルとは異なり、自己啓発兼ねての知的なライフスタイルではむしろ、**知の前の平等において自己発見し、自己満足し、能動的な知的生活を求めて自己肯定することが一番大事**だと思うようになる。自分はまだまだ知識が足りないので、どんな形でもいいからそれを調べる、自分のものにする、そして紀要論文でもブログや日記でもいいから、納得のいく形で確認・発信する。そのこと自体が、シンプルに愉しいのだ（筆者が本書を執筆している作業も同様に愉しいものである）。

「♪ぼろは着てても　こころの錦♪（©星野哲郎）」という演歌があったが、まさに**知的中身で勝負の世界であり、その試みは一生涯継続する**。読書などの受動的知的生活にも、論文やブログを書く、教えるというような能動的知的生活も、どちらにも限界はない。知的自己啓発は一生モノだからだ。

その結果、満足感とともに、誰のものでもなく自らの自らに対する評価・承認だけで幸せになれる。このように、**受動的あるいは能動的知的生活というものは、長い目で見ると、実におトクなライフスタイルなのである。**

# 2章 オンライン授業時代の体系的勉強法

## 「天才」とはどんな人か？

筆者の大学受験時の雑誌に載っていた格言に、

天才＝言わなくてもわかる。
秀才＝一度言えばわかる。
凡才＝二度言えばわかる。
鈍才＝何度言ってもなかなかわからない。

というモノがあったが、筆者は仕事柄何人かの「天才」や「秀才」と会ってきた。一例を挙げてみたい。

筆者の親族に、旧七帝大（北大・東北大・東大・名大・京大・阪大・九大）医学部出身（医学博士）で基礎医学の教授がいる。彼は「言わなくてもわかる天才タイプ」で、大学時代、特に一般教養（教育）の授業は当たり前すぎて、退屈で仕方なかったとのこと。科学誌の『サイエンス』にも論文が掲載されたし、話をしていると、とてつもない記憶力や頭脳の持ち主だということが伝わってくる。

あるいは、多言語話者（polyglot）のように、大学入学前後に、英語以外の外国語を自分に最も合った方法で独学できる人もいる。この域まで達していなくても、昔なら、ラジオやテレビの英会話などの語学番組で習得することができた手合いはいるだろう。今ならユーチューブなど含むウェブやDVDレンタルなどで、外国語ははるかに学習しやすくなってきたので、実践している読者諸氏も少なくないかもしれない。

ところが、筆者を含む一〇人中残りの九人は、残念ながら「言わなくてもわかる天才タイプ」ではない。そのために、試行錯誤を繰り返しながら、勉強法をマスターするしかない。中でも一番問われるのは、暗記法だ。勉強とは、**すべてに応用可能な「自分の」暗記方法を知ることから始まると言ってよいからだ。**

ここで、フツーの人のための暗記法を主体的に探る必要が出てくる。

テキストや参考書を覚えるのに、音読がよいのか、熟読的な黙読がよいのか、それとも二回以上繰り返し速読するのか。また、専門用語や文章を覚えるのにも、書いたほうがよいのか、音読なのか、さらに自分の声や（英語などの語学なら）ネイティブスピーカーの音をスマホに録音して、何度も聴くのがよいのか、それとも動画などでの説明を何度も観るのがよいのか……などなど、自分なりの方法を発見することができるだろう。

**ウェブ普及が学位取得を楽にした！**

**暗記法の習得とともに、定年前後の能動的知的生活に欠かせないものがある。それはパソコンだ。**もしパソコンを持っていない読者諸氏がいたら、今すぐパソコンを購入されたし。その際、お子さんでもお孫さんでもご親族でも、あるいは専門業者に手数料を払ってプロの方にでも、パソコンのウィンドウズ最新版（ついでにアンチウィルスも）をインストールしてもらうもよし。あるいは、同期の学生さんか院生さんにランチでもおごって、操作方法を手取り足取り教えてもらうなどしてもよし。

一つ裏ワザ的なやり方がある。インストールなどのセットアップが面倒な場合は、**所属大学の生協や小さな販売店でノートパソコンを購入し、担当者などにインストールなど全部お**

**任せることである。**お値段こそ量販店よりも若干割高であるものの、故障した場合や、よくわからなかったら、同じく購入した大学生協や販売店に頼ることもできる。

**情報漏洩がコワイとか、よくわからんとか、いわゆるブラインドタッチができないから！という理由だけで、ウェブの世界を拒むのは合理的でない。そのうえ、最新のパソコンやタブレットには、手書き入力を文字変換してくれる機種もある。**

　後述するように、筆者は若かりし頃、英文修士論文を文字通り「手書き」で仕上げた。八〇年代後半という時代は、奨学金に頼るビンボー院生にとって、ワープロもパソコンも贅沢品だったので、タイピングは業者にお金を支払い、製本して提出。なお英文については、英語母語話者の友人に、数回ディナーをおごってチェックしてもらった。もっとも手書きもデメリットばかりではなく、書いていくうちに、英単語や表現をたくさん覚えることができた。二〇〇頁近くの英文論文を書き上げると、英語での執筆が苦にならなくなるというメリットもあったのだ。

　邦語博士論文を執筆した九〇年代に入ると、[11]さすがにワープロが本格的に普及していたので、ブラインドタッチでのローマ字入力作業によって「一太郎」オンリーで仕上げた（当時はマイクロソフト社の「ワード」がデファクト・スタンダードとなっていなかった）。

このように、筆者はデジタル（パソコン、タブレット、スマホ）のメリットもデメリットも十分にわきまえている。そのうえで、パソコンやタブレットをある程度使いこなせるようになることを、あえてオススメしたい。

パソコンは音声入力（ディクテーション）があるし、文字サイズもズーム機能で大きくして入力できる（実はこの拙稿もそうして書いている）。スクショ（スクリーンショット）という形で、画像を印刷・保存できるし、データベースも利用できるなどなどメリットのほうがデメリットよりもはるかに多い。筆者が修士論文（手書き）や博士論文（一太郎入力）を書いていた時代とは、隔世の感がある。**二一世紀の能動的知的生活には、自分にとってベストなデジタルとアナログの組み合わせが必須だ。**

**ウェブはともかく慣れが一番大事。ゼロから始めても、せいぜい二〇時間くらいで一通りこなせるようになるだろう。**慣れれば超簡単にパソコンを使い、知の世界が一気に広がる！イザ困ったとなったら、購入特典や会員特典の電話サポートも利用できるだろう。

## オンライン授業も増える一方！

さらに二〇年度はコロナ禍のために、関東や関西の主要文系大学（学部）でオンライン授業が一気に拡がった。「リア充」には苦難かもしれないものの、筆者のようなガリ勉オタク・陰キャの時代到来である（笑）。無論新入生に罪はないのだが、理想のキャンパスライフを夢見て、現実とのギャップを嘆いていても何も始まらない。オンライン授業だからこそできることも多々ある。

**さらに定年前後世代にとって、実は、オンライン授業は対面授業よりも有利な点が多い。**録画視聴型授業なら、体調が悪い時は無理せず、後日都合の良い時に勉強できるし、何回でも復習できる。録画方式でないズーム使用のオンライン会議形式なら、地方在住者でも、健康に不安がある人でも、寝ながらでも学べる。要するに、対面授業よりもマイペースで頑張れるなどなど、オンラインならではのメリットもあろう。

またイザとなったら電話もある。担当教員に頼めば、無料サービスのＬＩＮＥ通話で授業を聞くこともできるだろう。やる気さえあれば時間をかけてもＯＫなのが、現在の日本の大学（院）でもある。

ただし、授業は著作権上、担当教員に知的所有権がある。[12] そのために、授業を勝手に（ライブ）配信したり、ツイッターなどで授業状況を流したりするのは問題があるだろう。その授業で何かわからないことや疑問があるのならば、まずは担当教員に尋ねるのが筋。イマドキの教員なら、それにキチンと応えてくれるハズだ。

なお本書で明らかにするように、社会人経験があると、学生時代の強制的かつ受動的知的生活と異なり、さまざまな「知的発見（1章のジョハリの［盲点の窓］と［未知の窓］）」が必ず出てくる。筆者の元ゼミ生にも、「大学生時代に何をもっとやっておけばよかったか？」と尋ねると、口をそろえて「**もっと勉強すればよかった。学生時代に勉強しておけば、今がもっと楽だったのに！**」と答える。今からでも、一刻も早く自分なりの勉強方法を習得することが大事。それが能動的知的生活にも役立っていくハズだ。

## ウェブやSNS情報は細切れだらけで限界も！

ここまでの記述で、デジタルツールやウェブ社会を礼賛しすぎたかもしれない。たしかに、どんなに知識や教養があっても、グーグル先生にはカナワナイ……。多くの人が苦労させられる英語だって、人工知能（ＡＩ）が発達すれば学ぶ必要のない時代が到来するという声が聞こえてくる。

だが賢明な読者諸氏はご承知と思うが、デジタルは必ずしも光の面ばかりではない。ここで少し注意点を述べておこう。

現段階でもグーグル翻訳やＤｅｅｐＬ翻訳を使用すれば、日常会話レベルの日本語を自動的に英訳できる。「ポケトーク」を使えば、たとえばボストンからアトランタに行こうと英語で航空券を頼んだところ、カウンターでもらったチケットがカナダのトロント行きだった（！）といったトラブルは、少なくなるだろう。[13]

ウェブやＳＮＳさえあれば、本書など必要ないと思われる読者諸氏もいるかもしれない。だが、そんな**グーグル先生や人工知能（ＡＩ）にも「勝てる」のが、能動的知的生活であるということを強調しておきたい。**

「英語なんか勉強してもムダよ」などの主張はわかるが、そもそも「ウェブが、シンギュラリティ（singularity＝ＡＩが人間の頭脳を超すこと）をもたらす」などというのは、実は遠い遠い未来の感がある。**いまだに役立つのは、苦労して覚えたことである。**

**ＡＩが最も不得意なのが、文脈や行間を読むこと。**たとえば、数学の初歩問題は解けても、『週刊少年ジャンプ』掲載マンガのセリフを、作者の意図を踏まえて読解することはまだまだ難しい。

さらに、ＡＩ翻訳にはかなりムリという実例として、「授業のネタ」にしている実話も披露しよう。

トロントの地下鉄に乗った時の出来事である。友人のカナダ人男性と、彼が好意を抱いているカナダ人女性と一緒に筆者は座席に座っていたが、かなり混んできた。その男性が、親切にも、目の前のお年寄りにすかさず席を譲った。その時、彼女が彼に「そんなことしてもムダよ」と言い放ったのである。

「**そんなことしてもムダよ**」をグーグル翻訳にかけ英訳すると、

It's useless to do that.

まあ、大学入試レベルならこれで問題ないが、直訳だしカタい、カタすぎる。DeepL翻訳にかけると、さすがにグーグル先生よりカシコイようで、

You can't do that.

うーーん、それはアリかなと思うが、このようなシチュエーションでは「そんなことヤッチャダメ！　イケナイわ」という感じで、席を譲るのを叱るような誤訳になってしまう。

では、ナチュラルな英語母語話者がどう言ったか？　正解は、

**That will get you nowhere.**

ちなみに、この英語（単語そのものは中学レベルのThat～）を、逆にグーグル先生に日本語訳をお願いすると、「それはあなたをどこにも連れて行かないでしょう」でナンのコッチ

ヤ？ DeepL翻訳だと、「そんなことをしていては、何にもなりません」ということで、若干カシコイがマダマダ（笑）。

三〇年以上たっても筆者はいまだに覚えているが、件《くだん》の男性の女性に対する「好き好きビーム」と、それを拒絶する彼女の「冷ややかなまなざし」は、やはり「That will get you nowhere.＝そんなことしてもムダよ」でないと表せないのである。このように、ウェブな**どの機械翻訳だと、文脈を読んで訳すことがまだまだ難しいようだ。**

**ウェブの常時フォローは不可能**

脱線気味（でも重要）の話題が続いてしまっているが、ご容赦を。

デジタルもアナログも両方とも好きな筆者に言わせると、ウェブはそりゃ速いし、きわめて有用で研究に不可欠だけれども、情報量が多すぎてリテラシーの問題が生じている。どれが事実でどれがウソやでっちあげなのか、判断が難しいケースも多々。

**さらに、往々にして、情報が細切れで完結していないと感じる**（例外的に完結したブログなどもあるが）。**片や、電子書籍を含めて本の場合は結論がしっかりわかり、それなりに頭に残る。**

ウェブ情報だけだと、なかなか頭に残らない。無料のコンテンツは、所詮《しょせん》このくらいのレベルだなあとも思いますわ。そんなにネットの動画とか、いろいろなSNSに興じている時間があるのなら、読書や海外の映画に親しむか、勉強したほうがいいのになあとは、感じる次第ではあります（まあ、デジタル・ネイティブでないオッサン筆者の、ひがみもあるかもしれないが）。

そもそも、ネット情報を四六時中ずっとフォローし続けることは不可能。なので、どんなにウェブでフォローしようとしても基本限界があり、ムリなのだ。

ここで思い出されるのは、現実主義国際政治学の始祖たる、英国のトマス・ホッブズ（Thomas Hobbes）先生が『リヴァイアサン（Leviathan）』で述べていること。[14] 曰く、人間は誰でも眠らなくては生きていけないので、その時間帯は必ず脆弱になる。さらに、脆弱だからこそ、権力（power）と正統性（legitimacy）に基づいた権威（authority）のない国際政治は、無政府状態（anarchy）で自助（self-help）が大事、というのもフツーの国際政治学者なら首肯《しゅこう》できる内容なのである。[15] ウェブの世界も現実の国際政治に似た無政府状態なので、権威が常時存在するわけでもない。そのために、名誉を毀損されても基本は自助での対応となる。脆弱な人間としては、睡眠時にはネットでの情報収集のみならず、自助での防衛もできなくなる。

　また、おおげさに表現するが、ツイッターの恐ろしさもここで指摘しておきたい。ツイッターをやったがために、その人の言動が可視化されてしまい、やらなければよかったのにとか、やらないほうがカシコク見える、というケースすらある。

　ツイッターなどのSNSは、匿名で、メンタルとフィジカル両面にダメージを喰らう誹謗《ひぼう》中傷《ちゅうしょう》がどこから飛んでくるかわからない。炎上騒ぎのコワさもあるだろう。

　**そのうえ、能動的知的生活を送るのに、ツイッターがとても参考になるかというと、若干疑問もある。**というのも、筆者が二〇一五年に出版した学術的単著の執筆時に関連ツイッターを見て情報収集をめざしたものの、執筆に有用だったのは英語のツイッターわずか数個のみだった経験があるからだ[16]（現在、その改訂版も構想・執筆中であるが、状況はあまり変わっていない）。ある意味、こうしたツイッターの世界と真逆なのが、本書が説く体系的な勉強方法である。

## レポートを書くための情報収集

　ウェブやデジタルの影の面への指摘が少し長くなってしまったが、大事なのは、こうした

**問題点を理解しつつ、使いこなす**ことだ。以下では、そうした姿勢を前提として、大学（院）における体系的な勉強方法のノウハウを伝授していくことにしたい。

なお、筆者は、『「優」をあげたくなる答案・レポートの作成術』（講談社文庫、二〇〇八年）という本を書いているが、本格的なウェブ社会到来前の刊行だったため、ここではバージョンアップした内容をお伝えしたい。

学部では字数制限がある短いレポートから、長い卒業論文（卒論）までの課題があるだろう。だが、小説のように自分の想像力を発揮して創作するのは学術的レポートではない。**「優」をもらうためには、担当教員を激しく頷かせるだけのロジック（論理）とそのロジックを支持する説得力のある証拠（情報・データ）がなければならない。**

最初の一歩としては、文献やウェブを含む情報を時間が許す限り集めること。まずは関連テーマを手当たり次第読んでみると、**課題に対する「問いと答えと論拠」**が見えてくる。手順としては、**「マクロからミクロへ」が原則だ。**グーグル検索でザッと情報を集めるのはよいものの、ウィキペディアなどでは細切れ情報が主になるし、信頼度もちょっと……というケースもある[17]。

テーマにもよるが、ウィキペディアで脚注・出典がついている項目なら、ザッと読みつつ、

図1　博士論文のためのB6判京大式文献要約カード

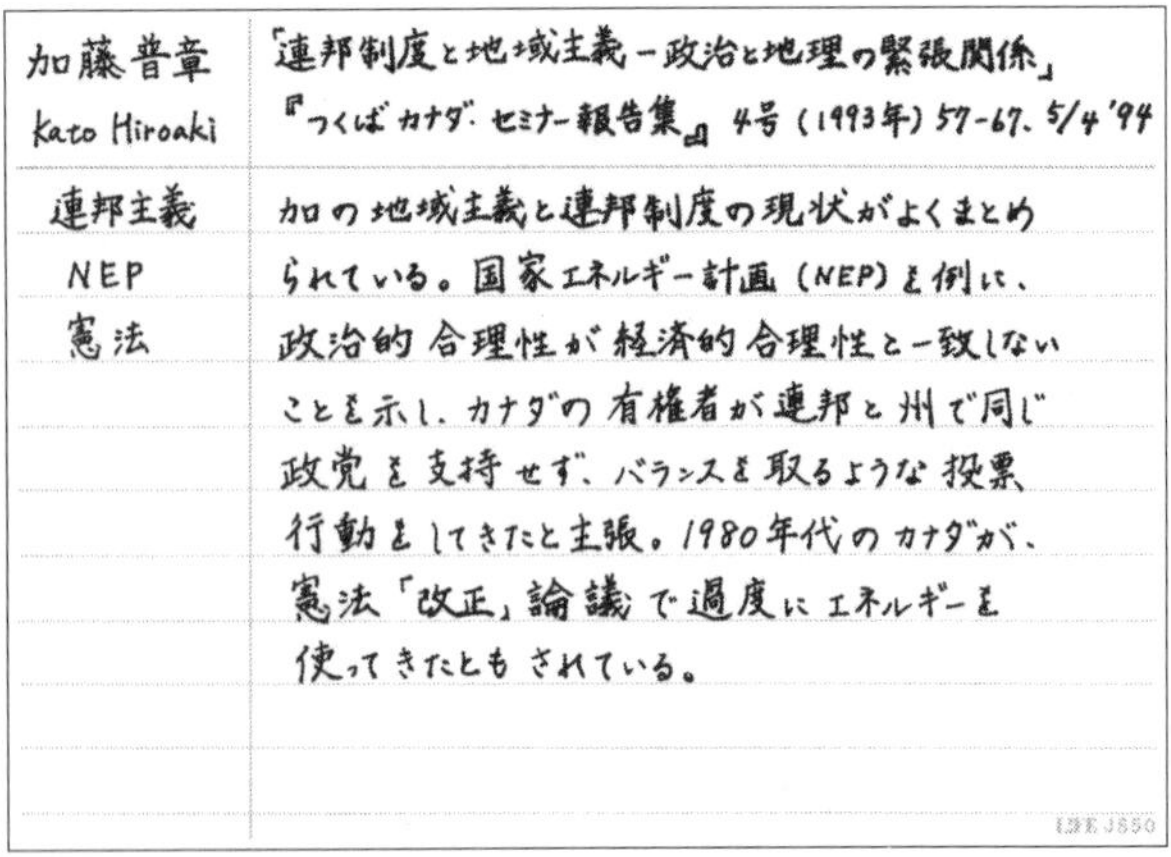

加藤普章
Kato Hiroaki
「連邦制度と地域主義ー政治と地理の緊張関係」
『つくば カナダ・セミナー報告集』4号（1993年）57-67. 5/4 '94
連邦主義
NEP
憲法
加の地域主義と連邦制度の現状がよくまとめられている。国家エネルギー計画（NEP）を例に、政治的合理性が経済的合理性と一致しないことを示し、カナダの有権者が連邦と州で同じ政党を支持せず、バランスを取るような投票行動をしてきたと主張。1980年代のカナダが、憲法「改正」論議で過度にエネルギーを使ってきたともされている。

その出典とされる一次情報にさかのぼって調べることがベター。さらに、一般的事典としてはJapan Knowledgeがかなり使える。

そうやって一通り検索し終えたら、その課題を直接取り扱っている本や論文を精読する。そしてアナログでもデジタル（ワードやワンノートなどがある）でもいいから、その本や論文などで大事な部分を要約し、引用部分などを書きとめておく。

図1は本にして八〇〇頁近くの博士論文を書くために、筆者が手書きで作った京大式文献要約カードの一枚である。

連邦制がカナダの政治・外交に対して過度なエネルギーを与えていることが、手際よくまとめられていた。そのために、論文の「第

2章 スモールパワーとしてのカナダ」、それもカナダの連邦主義を考察するセクションで、この文献を引用した（4章の表5〔一〇八頁〕を参照）。

このような要旨や気づいた点をメモしたカードは三〇〇枚以上に及び、それらを類型化して、理論篇でのデータとした。後述するように、理論的には「パワー・イメージ・アプローチ（power-image approach）」と呼称される視座を使用した。これは、カナダを主要国（principal power）、中堅国（middle power）、小国（small power）と見なして、その外交政策をとらえる理念型である。その際、現物の本や論文ではなく、この手書きカードを読み、必要なカードを入れ替えたりして、理念型の論点をまとめあげた。

カード作成を兼ねての情報収集には、多くの学術的論文や本の中身を通読する必要があった。九〇年代後半当時は資料などのデータベースが未発達。検索エンジンも有用な情報収集にはほとんど役立たなかった。そのために、関連する文献を最初に読んだら、芋づる式に脚注・参照文献掲載出典から、さらに必要な情報源を判断。入手したらそれらを次々と読んでいく。

この時、マクロでおおざっぱな本ないしは論文からスタートして、徐々に、ミクロで細かい新聞記事、ウェブ情報、さらにはウェブでは知りえない「業界新聞」や取材による情報などを集めていくのがよい。

4章の図2（一一七頁）からは、執筆ノウハウやマクロからミクロへの文献収集・読解法も理解できるだろう。まずはマクロな国際関係理論研究のEや理論的でない（たとえば歴史的な）Aのカナダ政治・外交研究を読み、次に理論的なBのカナダ政治・外交研究（図1の文献はここに入る）とDのパワー・イメージ・アプローチを使用した国際関係理論研究へと読み進める。最後にCのカナダ政治・外交とパワー・イメージ・アプローチ研究が重なる文献を読むという順番になった。この場合、読んでいくと、図1の文献のようにBのカナダ・政治外交研究に属していても、内容的にはCのパワー・イメージ・アプローチを用いたカナダ政治・外交研究にも使える文献も出てきた。

当然ながら、最初に博士レベルの学習方法を会得しておくと、卒論や単なるレポートレベルが簡単になる！

金銭面で余裕がある時は、このテーマには絶対必須だという本や論文は、少し値が張っても必ず入手すべきだろう。図書館や書店にない時はアマゾン、楽天、丸善のナレッジワーカー、Kinokuniya Web Storeなどのネット書店で購入しておく。あるいは、グーグルブックスだと一部書籍の目次などが読めたりして助かるし、最後の手段としては、（大学や公立）図書館間相互貸借《たいしゃく》（ＩＬＬ＝Interlibrary loan）制度で、書籍自体や論文を取り寄せることができる。

なお、おトク情報として付け加えたいのは、大学図書館のみならず、公共図書館ならどこにどのような本が置いてあるか、貸出可能なのかを検索できるサービスである。「**カーリル**（https://calil.jp/）」**というウェブサイトでは、七三〇〇館以上の図書館蔵書を横断的に調べるのに有用だ。**無料で本を借りたり、あるいは貸出予約を入れたりすることもできる。

### 重要箇所には付箋をする、頁を折る

ウェブ上で資料を探し当てたら、重要部分をコピーするか、スクショをとっておく。アナログなら、紙媒体の読むべき箇所に付箋《ふせん》をつけておいてもよい。

ただし、付箋は粘着力が弱くなると剝がれ落ちるので、好き嫌いもあろう。また、筆者の場合は付箋を紛失してしまう名人なので、付箋代わりに本や論文の頁《ページ》端を折って目印にしている。

ここで頁を折る際、筆者流の方法を紹介したい。困るのは、裏表印刷で一枚になっている二つの頁から情報を取りたい時だ。たとえば、表の三三頁に一番重要なことが書かれていて、

さらに裏の三四頁に二番目に大事なことが書かれていたらどうするか？　最重要箇所は右上端か左上端を折る、そして次に重要なものは左下端か右下端を折ることにしている。

重要度をもっと細かく類型化するためには、右上か左上の折る部分を大きくしておく（重要でないなら小さく折る）。こうするとズボラな筆者でも**重要度が一気にわかり**、いつでもどこでも、とっさに必要な箇所を確認できて便利である。

**「読書メーター」を利用**

読書記録（情報収集）について、書籍そのものや京大式カードなどアナログな方法を中心にお伝えしてきた。もちろんキンドルなどの電子媒体にはラインマーカー（ハイライト）機能と付箋（ブックマーク）機能があるので、それを利用されたい。ワードやワンノートを京大式文献要約カードの代わりに使ってもよいだろう。

また、「読書メーターhttps://bookmeter.com/」というサイトがあるので、ここに登録して、（実名でも仮名でも可）読んだ本のまとめや感想を記しておくこともできる。

他の利用者の感想やコメントも勉強になる。アマゾンのブックレビューも悪くないが、コメント数ではこの読書メーターがベター。また、どの本を読もうか迷っている場合、ネタバレがイヤなら、バレないようなコメントだけを読むこともできる。まさにウェブ時代ならではである。読書による交流も可能だし、あるいは自分のための覚え書きや独学用に利用するのも面白いだろう。

### 効率的読書方法のススメ！

続いて、研究で飯を食っている研究者ならではのプロの読書術を伝授したい。

**文献は最初に読むべきか否かを判断することがとにかく肝要。優先順位をつけて、読まなくてもよい本などを積極的に判別すべきだ。**本・論文によっては、最初から最後まですべてを読む必要はない。索引や目次があるのならば、そこから書かれていることを類推して、必要箇所だけを読む。

さらに**プロの博士級の裏ワザは、最初（序章）と最後（終章）だけを速読し、判断すること。また、学術的著作や論文ならば、脚注を最初に読むと当該論文や学術的書籍のレベルが判断できる。**[18]

卒論レベル以上の論文執筆用としては、やはり多読から始めるのが基本だ。多読にも方法があって、キチンとした学術論文や本なら、邦語でも英語でも、段落（パラグラフ）で一番最初の文章が最重要＝トピックセンテンスとなっている。**このトピックセンテンスと段落最後の文章のみをガーッとまず読む。**そうすると、この文献は必要か否かがわかる（そうでない文章は単なる悪文で、レポートや論文には使えない！）。トピックセンテンスの書き方と読み方の具体例は、5章で説明しよう。

論文などを書くための読み方に加えて、別の読み方もある。つまり自分にとって何度も読み返すような「**古典**」を持つのが、能動的知的生活にはきわめてよい。

**「古典」を定義すると、「時空を超えて読者に訴える魅力のある文書」であり、必然的に一語一句を「精読」するようになる作品のことだ。また、論文の作成にも精読すべき本や文献が存在する。**[19]「古典」と言っても、ホッブズのようないわゆる政治思想史や哲学的原書などの堅苦しい本のみを指すのではなく、分野によってさまざまである。自分が知的関心を持って、三回以上読み返したのであれば、それが読者諸氏にとっての「古典」と言ってさしつかえない。

なお、理系分野には通常「古典」は存在しないと筆者は考える。なぜならば**理系は「知識の蓄積」**が、後述する「先行研究評価」につながり、それがいわば文系の「古典」に該当するからだ。いつからでもよいので「古典」を見つけ、その文章を何度も何度も読み直すことは貴重だ。受動的知的生活、ひいては能動的知的生活の第一歩となるだろう。

## ゼミでおススメ！　ビブリオバトル

論文執筆などからは若干話がずれるが、修士や博士課程まで視野に入れている読者諸氏は、学会で発表したり学術定期刊行物（論文集）に投稿したりするのもよいだろう。ここで、学会発表のデモンストレーションとしても、あるいは大学専任教員就活時の模擬授業への対策としても、最も簡単な方法をご紹介しよう。それはビブリオバトルである。

ビブリオバトルとは、谷口忠大・立命館大教授が考案した「書評ゲーム」だ。[20] 発表者は自分がおススメの本を持ってきて、その内容や感想を五分（時間厳守！）で説明。説明後には誰でもその本や著者について質問できるし、発表者は答えることになっている。グループ規模としては、だいたい五〜八人程度が理想。そして全員の発表を聞いてから、最後に「純粋にどの本を一番読みたくなったか？」という基準で、一冊選んで投票する。ただし、発表者は自分の選んだ本には投票できないルールで、最も得票数を集めた本を「チャンプ本」とする。その際、教員や司会者も投票できるものとする。

筆者は、このビブリオバトルの熱烈な賛同者であり、ゼミで取り組んでいる。そこでいつも感じることがいくつかある。すなわち、回数をこなすと発表がうまくなるのである。本の選定から勝負は始まっている。自己表現力を鍛えるにはきわめてよい。投票者の好みでチャンプ本が決まるので、ゼミ生の好き嫌いがはっきり出やすいし、どんなゼミ仲間がいて、何が好きなのか？　といった観察力も必要。さらに、中国や韓国など海外からの留学生で、日本語がまだまだのゼミ生も、頑張ればチャンプ本ウィナーになれる。

以上のように、発見が多く、「就活の面接とか卒論以上の口頭試問などにも役立つやろうなあ！」と思いながら、毎学期ビブリオバトルを開催している。実際、ゼミ生おススメ本を購入し、「こりゃあ、おもろいわ！　○○さんもなかなかやるのう」と感銘したことも多々。なお、チャンプ本ウィナーには、粗品として、コンビニでポイントを貯めてゲットした景品とか、行きつけのラーメン屋の餃子無料券などを差し上げている。そのために、時にはかなりヒートアップすることもある（笑）。

ビブリオバトルは大学のみならず、**読書好きが五人以上集まればすぐにできる。自己表現力の改善につながる効果もあるし、低コストだ。なおかつ、発表する＝教えるという意味で、能動的知的生活の一環ともなる。**

研究発表や模擬授業のデモンストレーションにも似ている。すなわち、書評の代わりに、自分の研究や学生対象の授業を、家族や友人や指導教授の前で実施し、質疑応答して、評価してもらう点が、ビブリオバトルとの共通点である。そこまでシリアスなものではなくても、読書好きなら簡単にビブリオバトルで自己表現が可能。何回も開催してきた教員として、知的刺激を与えてくれるビブリオバトルを推薦したい。

中級編

# トップ大学も「全入」時代!?
# 修士・博士ガイド

# 3章 学歴ガラパゴス日本！ 修士・博士号とは何か？

## 社会人院生ブーム！

ここまで一読された賢明なる読者諸氏ならば、大学から学び直して、定年前後に備えるメリットがおわかりいただけただろう。でも勉強なんて長らくやっていないし、仕事はルーチン的だし、もう少し基礎からやり直したい……そんな不安がある方は、学部編入を含む学士（BA、BS）を狙うのがよいだろう。

**実は意外に知られていないが、学部ではなく大学院に入学し、修士以上の学位を取るほうが、学部入学よりもかなり楽なのだ。**「まえがき」でも触れたが、安倍元首相夫人の昭恵氏のように、専門学校卒の学歴でも、正々堂々と修士課程に入り、見事に修了することができる。8章でご紹介する辻川誠氏は短大卒業後、独学で一級建築士になり、放送大で取った単位を認めてもらって東大修士から博士に進み、五〇歳を超えてから博士号を取得している。

今や社会人院生が修士課程に入り直し、学び直そうとすることが一つのブームになっている。一八年度のデータによると、修士課程入学者数約七万四〇〇〇人のうち、社会人は一〇%を上回る八〇〇〇人もいた。同年度の博士課程における社会人入学者は約六〇〇〇人に上り、入学者総数の一万五〇〇〇人のうち四二%以上を占める数字だ[21]。

たとえば、ロバート・フェルドマン（Robert Feldman）東京理科大客員教授によると、二〇二〇年の経営学研究科の院生平均年齢は四三歳。中には六〇歳代のシニア層も在籍していて、オンライン授業を含め、熱心に勉強しているそうだ。このような例が今後はトレンドになっていくと思われる。キャリアの途中で再教育を受けてから再度働いたり、働きながら大学院に通う欧米型ジョブも、人事や労働市場の流動化とともに、日本でも根付いていくだろう[22]。

いわゆる士業や個人経営的な仕事だと、学び直しは時間面で有利だし、やる気と実行力でかなりのレベルまでいける。たとえば、京大大学院のホームページに掲載されている京都先端科学大客員教授の村井淳一氏の例が面白い。公務員を経て税理士になり、三八歳で京大院修士課程に入学。その後アラフィフで博士課程を単位取得満期退学しているが、仕事を続けながら修士と博士課程で学んだことになる。

## ロールモデルとなる事例

ジャーナリストの塚崎《つかさき》朝子氏の例などは、一つの立派なロールモデルとなろう。国際基督《こくさいキリスト》教《きょう》大を卒業後、読売新聞記者となったが、より専門性を高めようと社会人大学院生第一号として筑波大大学院経営・政策科学研究科修士課程（夜間）を修了（二〇歳代）。その後、医学関係の本などを編集・執筆し始めたこともあり、体系的な知識の整理を望み、東京医科歯科大大学院医歯学総合研究科修士課程も修了。ダブルマスターになっている。

修士課程での学びでよかったこととして、筑波のビジネススクールでは、経営科学の骨幹を摑めたことと仕事と無関係の友人を得られたことを挙げている。医科歯科大では、医療管理政策学が専門だったが、蓄積された知識の確認には有用で、やはり医療関係者と知己を得たことも大きかったようだ。

医科歯科大の同期だった大学教員などの方々と、『看護のための経営指標みかた・よみかた超入門』（メディカ出版、二〇〇九年）という看護管理者向け共著を発刊。その縁で、神奈川県立保健福祉大などで「保健福祉サービスのマーケティング」という講義を非常勤講師として担当した。

この科目は、日本看護協会の「認定看護管理者教育課程」の一環だった。診療報酬の大幅な伸びが望めない時代になり、看護部長が副院長となる例も増え、経営やマーケティングのセンスも必要となってきた。そのニーズに合致する前掲の本を出版していたということで、塚﨑氏に白羽の矢が立ったとのこと。

その後、『新薬に挑んだ日本人科学者たち――世界の患者を救った創薬の物語』（講談社ブルーバックス、一三年）、『世界を救った日本の薬――画期的新薬はいかにして生まれたのか？』（同、一八年）、『患者になった名医たちの選択』（朝日新書、二〇年）、さらには、ノーベル賞の呼び声も高い坂口志文《しもん》・阪大特任教授と共著で、『免疫の守護者　制御性T細胞とはなにか』（講談社ブルーバックス、二〇年）などの本を次々と出版。こうした執筆の実績も考慮されたのか、一九年からは慶應義塾大SFCキャンパスにて、「科学ライティング」の非常勤講師にも就任。塚﨑氏によると、米国の医学や科学系ライターは、Ph.D（博士号）取得者が多い。日頃の取材先はほぼ全員博士であり、塚﨑氏もバックボーンがあったほうがよいと考えて博士課程にも進学し、単位取得満期退学した。

なお、塚崎氏の在籍した筑波大ビジネススクールは、八〇年代の終わり頃に設立された「有職社会人を対象とし、職を辞することなく修士の学位が取得可能な全国初の夜間大学院」であり、そうそうたる院生が集っていたらしい。四五人の同級生のうち、半数近くが大学専任教員に転出したということからも、社会人大学院生計画はかなりの成果を生んだと評価できる。[23]

## 社会人は学部より大学院のほうが容易

このように、社会人大学院生になることを本書では大いにお薦めしたい。さらに先述したように、今や学部入学よりも大学院修士課程の入試が容易になっているケースも多い。たとえば東大法学部の修士課程に該当する公共政策大学院では専門職学位課程があり、大卒と同等の経験、技能、知識を持っていると、職業人でも受験資格がある。選抜も、英語（ＴＯＥＦＬ）の学力などが一定以上で入学願書審査に通ると、口述試験＝面接のみで決まる。[24]

大学院入試の現況については、各大学のウェブサイトに細かく掲載されている。と同時に、表２に主要大学院の文系を主とする修士課程選抜方法をまとめた（二〇一〇年一〇月現在）。いわば、入学しやすい「おトク版」の大学院とも言えよう。

| 大学院名 | 研究科 | 入試科目や特徴 |
|---|---|---|
| | 総合文化研究科「人間の安全保障」プログラムおよび多文化共生・総合人間学プログラム | 入学願書、英語能力を証明する書類（TOEFL又はIELTSの成績票）、志望理由書、研究計画書、出身学校の学業成績、英語以外の言語の能力を証明する書類（希望者のみ）等を総合的に審査し、二次試験は面接のみ。 |
| | 公共政策学教育部専門職学位課程 | TOEFLスコアを提出したら、面接のみ。スコアを提出できない時は、面接で英語力も問われる。 |
| 京都大学大学院 | 地球環境学舎修士課程環境マネジメント専攻 | 社会人特別選抜は、TOEIC、TOEFL、IELTSのスコアと研究計画書などと面接のみ。 |
| | 経営管理教育部（専門職学位課程）経営管理専攻〔特別選抜〕、観光経営科学コース〔特別選抜〕 | ビジネススクールであるが、募集人数が計35名と多く、書類選考の一次試験と面接の二次で判定。TOEFLなどの英語スコアが必要だったが、20年12月の入試では、コロナ禍でそれもなくなった。 |
| 一橋大学大学院 | 経営管理研究科経営学修士コース経営分析プログラム（企業派遣特別選考） | 派遣証明書、経歴書、将来計画書などで一次審査され、通ると面接のみ。英語の審査はない。 |
| | 経営管理研究科経営学修士コース（ホスピタリティ・マネジメント・プログラム） | 同じく、必要書類と1200字程度の「経営や経済に関する文章を読んで、その内容に関連して与えられたテーマ」を論ずる小論文と面接のみ。 |
| | 言語社会研究科第1部門（人文総合） | 2月の春期入試では、面接のみで決まる。定員12名。提出された書類に基づき、第1次試験に受かると、面接のみ。 |

## 表2　主要大学院修士課程の入試方法（おトク版）

| 大学院名 | 研究科 | 入試科目や特徴 |
|---|---|---|
| 北海道大学大学院 | 法学研究科 | 法律、行政及び政治に関連のある2年以上の社会経験を有する者対象の社会人入試では、2000字程度の志望理由及び研究計画書と勤務先上司等による実務上の経験及び能力に関する推薦書又は著書、論文、報告書、あるいは語学力等について、自己の能力を証する資料等を提出。基準を充たすと面接のみで合否が決まる。 |
| 東北大学大学院 | 公共政策（政策法務教育コース） | TOEFLかTOEICの成績に加えて2000字以上4000字程度までの実務経験から生じた問題意識や、それに基づく大学院での勉学計画に関するスタディー・プランを出すと、面接のみで受験可。 |
| 名古屋大学大学院 | 経済学研究科社会人一般コース | 外国語試験なし、論述試験（経済・経営の時事問題を含む出題からの選択）と面接のみで合否判定。 |
| 大阪大学大学院 | 国際公共政策研究科 | 研究計画書、TOEICやTOEFL、IELTSの成績証明書と面接のみで受験可。 |
| 九州大学大学院 | ビジネススクール（経済学府 産業マネジメント専攻） | 基本的には、TOEFLまたはTOEICなどの英語能力証明書類の提出が必要。一般選抜受験だと、あとは学習計画書と面接のみ。ただし英語証明書がない場合、面接に進んだ際には英語授業への適性を審査するための筆記試験がある。英語能力が一定レベルだと、学習計画書と（特別選抜試験では2000字程度の課題論文提出と）面接のみで合格可。 |
| 東京大学大学院 | 新領域創成科学研究科人間環境学専攻／海洋技術環境学専攻 | 特別口述試験は面接だけ。語学スコア不要で、キャンパスは千葉県柏市。 |
| | 医学系研究科公共健康医学専攻 | 文系でも受けやすい。社会人特別選抜では、提出論文等、研究計画書、英語能力を証明する書類（TOEFL、IELTSなど）及び出身学校の学業成績の審査による一次に受かると、二次の面接のみ。 |

| 大学院名 | 研究科 | 入試科目や特徴 |
|---|---|---|
| | メディアデザイン研究科 | 「回答書」を中心とした書類審査と面接のみで決定。理工系、デザイン・音楽などの芸術系、社会、経済、文化系の実績が評価され、定員も80名と大きい。 |
| 上智大学大学院 | 総合人間科学研究科社会福祉学専攻社会人入試 | 福祉・保健医療・行政・司法等の領域における実務経験が入学時点で通算3年以上あり、出願前の事前審査で許可された者は面接のみ。 |
| | 経済学研究科経済学及び経営学専攻社会人入試 | 企業、団体、官庁などにおける実務経験が入学時点で通算3年以上あり、その経験が研究計画との関係で有用であると認められた者は面接のみ。 |
| | グローバル・スタディーズ研究科国際関係論専攻社会人入試 | TOEFL、TOEIC、IELTS、TEAP（のいずれか）の成績提出が必須だが、企業、団体、官庁などにおける実務経験が入学時点で通算3年以上あり、その経験が研究計画との関係で有用であると認められた者は面接のみ。 |
| | 地球環境学研究科地球環境学専攻一般コース社会人入試 | 環境に関わる活動あるいは実務に従事した経験を有する者で、活動あるいは実務の経験が、研究計画との関係で有用である場合、3000字程度の環境に関わるレポートが必須だが、面接のみ。 |
| | 言語科学研究科言語学専攻英語教授法コース | TOEFL iBT 79点以上、IELTS 6.0以上、または英検1級のいずれかに該当する者や英語の教員免許を持っていたり、教職に1年以上ついていたりすると、面接のみ。 |

出所：『週刊ダイヤモンド』（2020年8月8日・15日合併号）80〜81頁および各大学院のウェブサイト（2020年10月15日アクセス）

＊すべて修士課程（博士前期課程）の大学院で口述試験等は「面接」で表記統一した。

＊年度によって違いもあるので、最新情報は各ウェブサイトでの確認が必要。

| 大学院名 | 研究科 | 入試科目や特徴 |
|---|---|---|
| | 法学研究科法学・国際関係専攻 | 社会人特別選考は定員は若干名。上司による推薦書ないしは自己執筆の実務上の能力・経験に関する報告書が必要。6000字〜8000字の研究計画書なども書類審査され、面接との総合点で合否が決定。 |
| | 国際・公共政策大学院専門職学位課程グローバル・ガバナンスプログラム／公共経済プログラム秋季社会人特別選考 | 一次審査は、TOEFL、TOEIC、IELTSどれかのスコア提出や研究計画書、推薦書などで筆記試験はない。一次通過後は面接のみで判定。 |
| 東京工業大学大学院 | 環境・社会理工学院社会・人間科学系 | 7月のA日程では、書類審査と口述試験のみ。A日程で受からなかったら、8月のB日程で、1時間で研究計画書（1200字程度）を執筆し、それに関しての面接。48名の定員で、人文学や社会科学分野も専攻できる。コロナ禍の影響がない時は、TOEFL、TOEICスコアが必要。62名が受けて45名が合格したこともあり。 |
| 東京医科歯科大学大学院 | 修士課程 医歯理工保健学専攻・医療管理政策学（MMA）コース | 夜間授業で、1年制（定員5名）の医療管理学コースと2年制（定員10名）の医療政策学コースがある。医療管理者や医療関係ビジネス従事者などの社会人が主な対象。面接のみで決まるが、その前にコース担当教授との面談がある。 |
| 早稲田大学大学院 | 経営管理研究科 | 夜間のみのコースもあるビジネススクール。一般入試の他に事業承継者入試や企業派遣入試などがあり、小論文と面接のみで合否が決定。 |
| 慶應義塾大学 | 商学研究科AO選抜入試 | 税理士、公認会計士、弁護士資格を持つか、研究調査員や公務員などの3年以上の経歴があると応募書類と面接のみで合否決定。 |
| | 政策・メディア研究科 | 指導教授とのコンタクトが必須だが、書類選考と面接のみで合否決定。 |

東大・京大含む旧七帝大、それに一橋大、東工大、東京医科歯科大、さらに早・慶・上智をピックアップして調べてみた。社会人枠の入試を実施している研究科が多く、それも英語、あるいはほかの書類選考で一定の基準を満たしていると、面接（口述試験、口頭試問）のみで合否判定する大学院研究科が、ザッと見ただけで二四くらいにのぼる。筆記試験がある早稲田大なども、それほど難しい内容ではないようだ。

表2にあるが、文系最高峰の入試偏差値を誇る東大法学部（文科一類）系大学院も例外ではない。東大公共政策学教育部専門職大学院の一九年一〇月発表の入試結果によると、外国人留学生や東大からの内部受験組や留学生含めて二五七名の応募があり、面接までの審査で一〇八名に絞られ、最終合格者が七二名。応募総数からの倍率は約三・五七倍だし、書類審査合格組からの倍率はなんと一・五倍となっている。

同じく東大教養学部の大学院となる東大大学院総合文化研究科修士課程では、六三一名中二五七名が合格。倍率は二・四六倍に留まっている。[25] いずれも、社会人特別選抜があり、修士や博士課程で、研究論文および職業履歴をクリアすると、面接のみでの研究計画などが最重要要素となる。

京大法学研究科公共政策大学院（修士課程のみ）は、やはり社会人枠が約一〇名ある。推薦書のほかに、二時間の論述試験（政治学、経済学、法学などから一科目選択）で選抜があるが、提出された著作（学術論文）などがあると、この筆記試験免除も可能。クリアしたら、自己申告書等を踏まえた口述試験＝面接が勝負となる。二一年二月発表の試験結果によると、書類審査合格者の社会人九名全員が修士課程に合格している。[26]

京大の場合、博士課程も特例扱いがある。法学研究科博士後期課程では社会人特別選考制度があり、二六歳以上の高度専門職の実務経験がある場合などは、修士号を持たなくても大学院博士課程に進学可能だ。具体的には、在職証明書、実務経験報告書、それに修士以上の能力があることを示す資料（修士論文程度で未発表でもＯＫだが、一万字以上の学術論文など）があると、面接だけで入学が可能となるし、募集人数は外国人留学生や一般の院生を含めて、一学年二四名とかなり多い。[27]

なお、**修士課程も博士課程も各種奨学金が整備されている。**そのうえ、専門職大学院だと、**厚生労働省による教育訓練給付制度が利用できるケースもあって、**最大一一二万円が返ってくる。[28]

### 実は「学歴ロンダリング」こそ国際標準

このように、東大や京大の学部出身者でない社会人であっても、ランクの高い大学院への挑戦を臆《おく》することはまったくない。ブランド大学院への入学は、実は、学部入学よりははるかに容易なことがおわかりいただけただろう。時には「学歴ロンダ（リング）」と揶揄《やゆ》されるかもしれないが、まったく気にすることはない。[29]就活や転職にも有利になるかもしれない。『週刊ダイヤモンド』（二〇二〇年八月八日・十五日合併号）によると、「Fランク大から早大院に進学して電通に採用」となった例とか、「中堅国立大から東大院に進みグーグルに採用」された例もあるとのこと。

国際的に見ると、レベルの高い大学院への進学や、より専門的な学位を得ることはおかしいことではまったくない。むしろそのほうがカシコイやり方だととらえられている。

バラク・オバマ（Barack Obama）元アメリカ大統領も、まずはオクシデンタル大に入ってから、ニューヨーク市の名門コロンビア大に編入。最後はハーバード大ロースクールで法務博士号（JD）の学位を取っている。[30]ドナルド・トランプ（Donald Trump）前大統領も、カトリック系のフォーダム大からペンシルベニア大へと、編入でグレードアップしている。さらに、ジョー・バイデン（Joe Biden）現大統領ですら、地元のデラウェア大からシラキュース大ロースクールを修了（ＪＤ）している。元・前大統領も現職大統領も三人とも「完全な学歴ロンダ組」なのである[31]（現・大統領夫人のジル・バイデン〔Jill Biden〕氏に至っては、五五歳で母校のデラウェア大学院から教育学の博士号まで取得して、短大〔コミュニティ・カレッジ〕で教鞭を執っている）。

　欧米を中心とする先進民主主義国では、過去二〇年間で、このような「学歴ロンダ」も含めた学位を非常に重視するようになった。むしろアメリカ・カナダなどは、いわゆる「学歴ロンダ」がフツーであり、「**学位**（**どこの大学院を修了してどのような肩書＝degreeがあるか**）」**社会**である。**日本の大学学部卒は、今や欧米では日本の高卒に相当するといった感覚だ。**

　換言すると、欧米では日本で言う**高卒は大卒にあたり、大卒が修士という感じになっている。**[32]このように、欧米主要国では、**「学歴＝学位」のインフレが起きている**のだが、その背景にあるのは、**定年退職制度の廃止**とともに、年配の高学位層がなかなか現役を退かないことも挙げられる。

**「学校歴社会**（東大法学部が文系の最高学歴で就活に有利！　といった**大学学部卒のランク付け**）**」は、実は日本特有のものであり、かなり特殊である。**ガラパゴス化した日本の「学校歴」重視は、国際社会の中ではデメリットになることもある。たとえば、修士号以上の学位が必須な国際連合（国連）関係の国際公務員になれないように。[33]

## 週一登校も可能！　柔軟性というメリット

さらに大学院のメリットを紹介しよう。

どこの修士課程も少人数教育なので、いろいろな面で柔軟性がある。指導教授を決めて、指導にしたがって、二年間で修士論文（あるいはそれに相当する学術論文など）を仕上げ、口頭試問で合格するのが修士号取得の条件となっていることが多い（最長四年まで在籍可能）。手取り足取り、その分野における修士論文の書き方を教えてもらえるのだ。

教わる教員数も、二年間でせいぜい計六人にも満たないので、ウェブや電話での授業も受けられるだろう。その意味でも、**学部の授業よりはるかにマイペースで、能動的知的生活を送れる**ようになるのだ。

単位数も修士課程はわずか三〇単位程度で済む。大学学部卒の場合、もちろん大学や学部によって異なるものの、おおむね一二四単位以上となっている。それと比べると負担の少なさは歴然としている。最初の一年で必修科目はすべて取得してしまい、二年目からは週に一度、あるいは短期集中で、指導教員から論文執筆の指導を受けるのみ、というスタイルも可能だ。さらに、修士号を一年で取れる大学院もある。

この修士論文執筆過程と口頭試問で鍛えられると、**問題発見能力と解決能力が確実に身につく。これが、（特に大人数＝マスプロ教育中心の）学部と異なる修士課程の醍醐味《だいごみ》だ。**

## 修士論文レベルの見本

修士論文レベル以上の学術論文の一例を挙げる。拙稿「カナダ首相は、なぜ関西学院大学と上智大学を訪問したのか？　ディーフェンベーカーの初来日について」と題する紀要論文を、弊学リポジトリ（『関西学院史紀要』）で公開した。運よく入手できたカナダ側の一次資料（外交文書）も駆使して、先行研究評価も入っている。

この拙稿だが、国際政治分野では、修士論文以上の内容と分量（二万字弱）は十分あるだろう。さらに、原文では、ディーフェンベーカー首相などの当時の写真も挿入されている。ご関心のある読者諸氏は、注釈内のリンク先でＰＤＦファイルになっている原文をお読みいただけると幸甚であります。[34]

## テドロス、メルケル、蔡英文も博士！

ここまでは修士号を中心に説明してきたが、博士号に関する説明に話を進める。修士と同じように、まず国際的な潮流を確認していこう。

米国では、三億人を超える人口で四五〇万人以上の「博士」がいるとのデータも一八年にあった。[35]また、初任給も、米国全体の平均年収よりも、博士なら五〇万円から五〇〇万円程度多いようだ。[36]

前述したが、国連やその関連機関など、国際機関職員になりたいのならば、実務経験と英語などの語学のほかに、博士号があればなおヨシなのは間違いない。外務省や経済産業省など日本の官僚関係者に聞くところによると、どの官庁も十分な邦人人材を国連や他の国際機関に対し送りこめず困っている。[37]**国連本体すら、世界第三位の国連分担金の比率に応じた「日本人枠」の半分も埋められていない！**　一つには英語能力の問題もある。そしてもう一つは繰り返すが、ガラパゴス日本独特の「低学位」問題だ。

世界のリーダーの高学位を例示してみよう。コロナ禍でメディアの注目をいろいろな意味で集めた、世界保健機関（World Health Organization＝WHO）のテドロス・アダノム（Tedros Adhanom）氏は医師免許を持たないが、英国ノッティンガム大の公衆衛生学博士である。さらに、ドイツ首相を一五年間務めているアンゲラ・メルケル（Angela Merkel）氏も現・ライプツィヒ大の物理学博士号を持っている。特にドイツは博士を尊重する風土であるようだ。ドイツが派遣する駐日大使や企業人は博士であることが多い。ある調査では、ドイツの大企業トップの四五％が博士号保有者となっている。[38]

親日派が多いことで有名な台湾で総統を務める蔡英文氏も、名門台湾大から米国のコーネル大での国際法修士を経て、ロンドン大政治経済大学院（ロンドン・スクール・オブ・エコノミクスＬＳＥ＝London School of Economics and Political Science）で博士論文を執筆。「変動期の世界における不公平な貿易措置と国内市場のためのセーフガード」と題する博士論文で、法学博士号（Ph.D）を得ている。[39]

## ノーベル賞の中村氏『怒りのブレイクスルー』

博士号を取ってようやく研究者の端くれと位置づけてもらえることは、特に理系（実験系）の「あるある」だ。いわば、文系修士号と理系博士号が「同等」という感覚も、あながちウソではない。

青色発光ダイオード発明で、ノーベル賞を受賞した中村修二氏による一年間の米国留学体験談が、そのあたりの真実を教えてくれる。

中村氏の履歴書（CV）を読んでいたフロリダ大の研究者たち（その六人は全員博士号を持っている）は、最初は「対等、もしくは上のレベルの人間だというように」処遇して、敬意を払ってくれたが、「私がマスターしか持っていないことやほとんど論文を出していないことが知れ渡ると、手のひらを返したように態度が変わ」ったとのこと。「博士号を持っているドクターなら、普通の企業ではマネージャークラスのポジション」にいて不思議ではないが、三五歳でヒラ社員だった中村氏のことを、博士たちは「研究者でもなんでもない、日亜化学という日本企業から来たただの技術者、職人だ」ととらえたらしく、周囲の雰囲気が悪くなったようだ。

その結果、お願い事をしても「生返事」あるいは「まったく無視」という、今なら「ハラスメント」に該当するような扱いを受ける。論文を書いてこなかったのも大きいが、彼らの研究レベルは決して高くなかったので、中村氏がいろいろと教えるとちょっと評価するが、「依然として態度は尊大なまま」で悔しかったようだ。**それをバネにして、中村氏も（当時の東北大総長・西澤潤一教授から、同大から博士号を出してもいいという話があったものの）、すでに申請していた母校の徳島大から論文博士号を九四年に取得している。**[40]

## 手塚治虫氏も乙！

今何気なく、「論文博士」と記述したが、日本の大学院で取得できる博士号には、「課程博士（甲博士）号」と「論文博士（乙博士）号」の二つがあることを、読者諸氏はご存じだろうか？　論文博士（乙）は日本独自の制度と言えよう[41]（以下で乙を「論博」と略すこともあり）。

次章では、博士号の取得方法として、「論文博士（乙）」制度により博士になった筆者自身の経験談を、包み隠さず述べることにする。ここでお伝えしたいのは、日本独自の論博制度は、文系・理系問わず、それなりの成果を挙げてきたという事実である。実例を示すことで、「論文博士」をめざす読者諸氏に対するエールとしたい。

有名な例は、故・湯川秀樹先生である。日本人最初のノーベル賞を受賞し、敗戦国家日本に勇気と希望を与えた湯川氏は、阪大在任中に、理学博士号（乙）を取っている。その後、母校京大教授になったこともよく知られている。世界に羽ばたくマンガの王様、故・手塚治虫先生も医師免許は阪大からもらっているが、医学博士号（乙）は奈良県立医大から得ている。

最近の例では、明石康氏。日本人国連職員第一号で、国連事務次長まで勤め上げた「ミスター国連」とも言うべき存在だが、教鞭を執っていた立命館大から九八年に論博で博士号（国際関係学）を得ている。

また活発な言論活動を展開しているアゴラ研究所所長の池田信夫氏も、慶應義塾大から「情報通信産業のアーキテクチャについての研究」というタイトルで、学術博士号（政策・メディア）をやはり論博で取っている。

さらに、ノーベル生理学・医学賞を一五年に受賞した大村智《おおむらさとし》氏の経歴が際立つ。山梨大の学芸学部（現・教育学部）から都立工業高校の夜間理科教師を経て、修士を東京理科大で取得。山梨大工学部の助手になりつつも、論博として東大薬学博士と母校の東京理科大理学博士のダブルドクターになっている。その後、北里大薬学部教授や北里研究所の所長などを歴任した。

このように日本的な論博制度であるが、多くの研究者を生み出してきたのはまぎれもない事実である。**母校か指導教授**（**主査**）**になってもらえるツテがある大学院で、博士号を論博で取るという手段も面白いだろう。**

なお、日本の大学における博士論文がどういう状況になっているのか、誰がどういうタイトルで持っているのかは、簡単に検索できる。**国立国会図書館**（ＮＤＬ）のＮＤＬ ＯＮＬＩ

NEで「詳細検索」の「その他」から「博士論文」をクリックして氏名を入れるだけだ。

ただし、NDLだとどうしても「時差」があり、最新の情報が更新されていないこともあるが、その場合には授与大学院のウェブサイトで、論文の要旨や評価を読むことができる（書籍の形になっていない最新の博士論文は、授与大学のリポジトリから読むことができる場合もある）。

## 課程博士号とその取得方法

次に課程博士号をどうやって取るかを説明しよう。

それは読んで字のごとく博士課程に入学し、そこでコースワークにあたる指導教授による科目（課程）を終え、博士候補者となることから始まる。課程博士のほうが三年間（在籍最長六年間）と時間はかかるが、その分野の研究方法、先行研究、文献資料やデータ、さらには研究上の常識などなど、すべてマンツーマンで指導教授が教えてくれる。そのために、**学会での論文発表や投稿の経験がなかったり、卒論と修士論文以外の業績がなかったりする場合は、ストレートに博士課程に進学したほうがやりやすいだろう**（8章では主に課程博士の経験談を集めている）。

ただし多々楽である反面、入学金や授業料を払うという点では、「論文博士」と違い、それなりのお金が必要になる。

そうした手取り足取りの指導を受けながら、所定の形式に沿った論文を提出して、口頭試問（場合によっては語学試験）を受ける。口頭試問で主査（だいたい指導教授）と二人（以上）の副査（同じ研究科内で専門分野が近い教授と外部から専門家を呼ぶ場合がある）のＯＫが出たらあと一歩！　博士後期課程指導教授（いわゆるドクター㊌教授）全員による研究科委員会（＝学部教授会に相応）にて主査の審議報告を受けて、甲博士の学位を授与するか否かを無記名投票で決めていく。投票のルールは各研究科委員会で異なるだろうが、出席教授ないしはドクター㊌教授の定員の半分、あるいは厳格な所だと三分の二以上が賛成すれば、晴れて甲博士号が授与される。

ここで実例として、会社に勤めながら「課程博士」号を取得した鈴木真《まこと》氏をご紹介したい。鈴木氏はもともと高速道路構造物の維持・管理業務の会社で、研究的仕事に従事。ある委員会で知り合った阪大教授が「非破壊評価（構造物を破壊せずに損傷度合いを評価すること）」の権威であり、鈴木氏はコンクリートの橋などにちょっとヒビが入っていた場合、損傷はどの程度かをテーマに博士号取得をめざすようになったとのこと。博士課程入学までに、指導教授予定だった鎌田敏郎《かまだとしろう》教授の研究室のゼミに参加したり、計画書を見てもらったりするなど、二、三ヵ月の準備後に合格。週に一度は院生四名によるセミナーに参加しつつ、四日は会社勤務という生活を続けた。

　結果的に一九年九月付けで、「上面増厚を施した道路橋ＲＣ床版における非破壊検査による損傷評価とその活用に関する研究」とのタイトルで、博士号（工学）を阪大から取得した。内容は、高速道路の橋に使われている上面増厚を施したＲＣ床版が、どの程度ひび割れているかを、目視ではなく「衝撃弾性波法および電磁パルス法を効果的に組み合わせた非破壊検査システム」で計測する有効性の発見であり、工学分野への実証的貢献と見なされた。五〇歳代前半での成功であったが、博士課程入学前にすでに数編学術論文を発表していたことや指導教授から徹底的に学んだこと、さらには学友とも打ち解け、職場が学位取得に賛同した（授業料の半分を勤務先が負担）ことなどが有利に働いたとも言える。[42]

　この鈴木氏のような現役世代であれ、あるいはすでに定年を迎えた世代であれ、**最強学位の博士号取得を目標にすると、メリットのみである**。やはりそれなりの知的努力の証であるし、なおかつ本書提唱の「一生能動的知的生活をする」ということにも近づく。

## 文系の博士号取得もグローバルスタンダードに

鈴木氏の例は理系の読者諸氏には参考になるが、ここで文系の博士号の実態についても、説明しておかねばならないだろう。**文系博士号の本質は、少なくとも「足の裏の米粒」（すなわち、「取っても食えないが、取らないと気持ち悪い」）というのが、グローバルスタンダード（理系ならすでに三〇年以上前からそうだが）。**

後述するように、持っていても短大以上の専任教育職＝アカデミック・ポスト（以下、アカポス）が保障されるわけではないが、着実に自己承認欲求は満たせる。名刺に「博士（〇〇）」と書けて、単なる『ＭＡＳＴＥＲキートン』（浦沢直樹・ストーリー／勝鹿北星、長崎尚志）』（本書の「あとがき」も参照）より称号的には上になり、ちょっと虚栄心も充たせる（筆者のマスター・サクラダとドクター・サクラダ時代の「差異」については、次章でぶっちゃける）。

アフターコロナにおいても、このような趨勢《すうせい》は世界的にも日本的にも縮小することはなく、拡がる一方だろう。最近では、文系でもガンガン博士号を出すようになり、博士号保有者のみ研究者で、持っていないと「大学で教えるのがちょっと恥ずかしい」という雰囲気にはなってきている。たとえば、九五年版から出版されているシリーズの『大学ランキング　２０２１』（朝日新聞出版、二〇二〇年）によると、「大学教員公募の際、応募資格として『博士号』を必須とするところが多くなった」とも記されている。[43]

## 文系博士の厳しい就職事情

かつての「文系博士」の特徴と言えば、「課程博士」があまりいなかったことだ。すでに大学の講師や助教授（現在の准教授）として職を得た重鎮《じゅうちん》クラスが、長年のライフワーク的研究をまとめて、論博（乙博士号）を授与されるケースが多かった。分野にもよるが、だいたい四〇歳代以降になって、一〇編以上の単著学術論文を執筆してから、大学院に論博（乙博士号）を請求するのが一般的だったのである。

九〇年代初頭の話だが、筆者の恩師、黒澤満先生なんぞ、博士論文級の単著学術本を三冊書き、その三冊目にして、国際法関連の論文博士号を阪大から取られたご経験をお持ちである。二〇世紀日本の文系世界なら、博士課程を「修了」することなく、「単位取得満期退学」などで、大学の専任助手や専任講師になることができた。そのために、筆者のようなマスター（修士号）のみでも、分野的にそれなりの業績があれば、就職や転職が可能だったのである。[44]

さらに法学分野では、東大法学部を中心に博士号が出にくい特有の問題もあった。優秀な学部生がキャリア公務員や民間企業幹部職に流れるのを防ぐために、学卒助手（現・助教）制度があったのだ。これは学士を取る（学部卒）と同時に助手に採用され、その後に助手論文を書き上げ、そのまま東大の助教授になるか（国際政治学者の舛添要一氏など）、あるいは指導教授のツテで、地方国立大や公立大に就職するという慣習だ。

そのうえ、年代的にはあえて博士号を取らないケースも多々あった。アメリカ政治・外交史の権威、故・五十嵐武士《いがらしたけし》東大教授など、博士論文級の学術単著を何冊も執筆しつつ、とうとう博士号を取ることはなかった。

このような「横綱大学」の伝統もあり、前世紀くらいまでは、文系博士号取得が大学で専任教員のアカポス取得よりも難しいケースも多々あった。博士号＞＞専任アカポスという図式だったのである。

今や完全にこの構図が逆転している。専任アカポス＞＞＞博士号という感じである。文部科学省の令和元年度（一九年度）調査によると、「単位取得満期退学者」を含む博士課程修了者の就職率は六九％となっている。ただしこれは、非常勤講師や民間企業などへの就職も含んでいる。大学アカポス含め、正規の教職員就職率が人文科学系で全体の二一・三％（二〇〇二人中二一三人ほど）で、社会科学系では、全体の約四一・九％（九八六人中四一三人に留まる)。これらの数字は文科省からのアンケートに回答した人数のみだろうが、学部卒の就職率が九割を超えているのに対し、苦戦状況が見えてくる。

**文系博士号取得者の厳しいところは、アカポスをめぐり、現役の教授から若手の助教まで年齢、キャリア、業績、その他の活動歴など多種多様な優秀層がゴソッと競争相手になることだ。**学部新卒一括採用で、二二歳から二六歳くらいの同じような層が就活するのとは、質的に異なるのである。

実際、最近公募で専任教員を募集すると、少なくとも三〇倍程度、多いと八〇倍くらいにはなるので、あと一歩までいったものの、諸般の事情（担当科目適合性、ジェンダー、年齢、業績数、模範授業の出来・不出来、性格など）で及ばなかったという話もよく聞く。文系博士号保有者の就活の最もツライことに、そのアカポス自体がそもそもあるかどうかという根源的な苦悩もある。学生募集面で人気がなかったり、予算の関係で削減されざるをえなかったりするポストは、数年待っても公募がまったくないことがある。

### 文系定年前後組にはオススメ

それでも、文系定年前後組には博士号取得を、一里塚としておススメする。水月《みづき》昭道《しょうどう》氏が指摘しているように、いろいろな意味で「取っておくと次につながる」こともあるだろう。
また、研究職などに就くにも、「博士号を取らなかったら、就職はさらに絶望的」とのこと。[45]

**就職や転職の心配のない中高年世代こそ、実は文系博士号を取るには恵まれた環境にいる。**

楠木《くすのき》新《あらた》氏は、その著書『定年後のお金』（中公新書、二〇二〇年）にて、六四歳で博士号を取得したN氏の話をしている。大卒後生命保険会社勤務だったN氏は、三四歳の時に不動産会社に出向。腐らずに自己啓発に努め、独学で四年目には不動産鑑定士の資格を取得。さらに異業種交流会の発起人にもなり、その後三〇年にわたって開催しているとのこと。

五二歳の時には芸術関係の公益財団法人に出向となったが、その場でもめげることなく、通信制の芸術大学で学芸員の資格を取り、修士課程に進学してから還暦で退職した。その後も働きながら博士課程に進み、とうとう博士号をゲット。今後は論文を本の形でまとめたり、大学の非常勤講師として教えたり、不動産鑑定士として登録することも目標としている。

まさに「住めば都」ではないが、**出向という当初は不本意だったかもしれない職場環境を十二分に活かして、自分の好きなことにつなげていったのが良かったのだろう。**定年退職後の今は、民間企業で不動産鑑定評価の仕事に従事しているとのこと。

筆者が分析する限り、このようないろいろな状況を自己成長に結びつけた方こそ、大学教員への就職を含めたチャンスが巡ってくると期待できる。

大学教員をめざしていなくても、博士号取得を「生産財」ではなく「消費財」としてとらえると、自己承認欲求も満たせるし、能動的知的生活の進歩とも考えられて、メンタル面でも良い。

今や、ブログ運営が面倒でないなら「情報発信」もいくらでもできる時代だ。引退後も、「櫻田大造博士のカナダ外交研究」とか題して、自分でウェブサイトを立ち上げ、そこに論文などを発表すればよい。その意味では、**人類未曽有の能動的知的生活エンジョイ期間が、退職前後の読者諸氏を待っているのである。**

# 4章 博士までの赤裸々体験
## ——What happened to your Ph.D?

### 博士号なき国立大助教授の悲哀

もしあなたが修士号を取得しているのならば、博士課程をすっ飛ばして論文博士になれる。本章ではそれを、筆者の体験談を交えて実証しよう。たとえ大学受験時の偏差値が、筆者のように科目によっては四〇台（理系が不得意）であっても、**今はやり方さえ間違わなければ誰でも博士になれる時代なのである**（そもそも偏差値というものは大学入学時における、五教科学力の検査結果のみを示しているにすぎない）。

なお本章は、最新状況やノウハウを詰め込んだ他の章とは筆致を変えて、筆者のキャリアをたどるユーモラスな（？）物語仕立てになっている。博士論文執筆過程を描写したが、即効性のある情報を求めるお忙しい読者諸氏は、本章を飛ばしていただいてもかまわない。

さて、さかのぼることおよそ四半世紀前……。

**「絶対に博士号を取らないと、こりゃあかんわ（狐狸庵閑話 ©遠藤周作）！」**。忘れもしない九七年一月一三日、ニュージーランド（以下、ＮＺ）の首都ウェリントンから関西国際空港までのフライトで、筆者は一大決意した。

その前段階として、九〇年に英語と国際政治担当専任講師として採用された信州短期大でも、奉職《ほうしょく》四年目に入る頃には、海外Ph.Dか国内での博士号をどこかで取得したいと、思い始めてはいた。

一つのきっかけは、短大勤務の二年間、㈶平和・安全保障研究所（以下、平和・安保研）のプログラム奨学生として、西原正《にしはらまさし》先生（のちに防衛大学校校長）と田中明彦先生（東京大教授を経て政策研究大学院大学長）から安全保障学を学ぶ機会に恵まれたことだった。お二方とも政策指向で、現実主義に基づいた冷徹な国際政治分析に定評があり、さまざまな議論を通じての知的興奮もしばしば感じていた。それまでに日米加の学部や修士課程で現実主義的国際政治学を学んではいたが、日本に関する具体的政策提言へと結び付けていくことの大切さも把握できた。この両先生がまさに、ミシガン大とマサチューセッツ工科大から、おそらく日本人としては一人目か二人目として、政治学のPh.Dを取得されていた。

平和・安保研で研究していた頃は、まだまだ文系の博士号取得者は珍しい時代だった。[46]二九歳で筆者を専任講師として採用してくれたこの短大は、マジメで面白い学生がそろっていて教えるのは愉しかった。ところが、「赤貧洗うがごとし」の薄給、貧弱な図書館蔵書やアメリカ人同僚と相部屋だった研究室など、研究に専念できる雰囲気は希薄。

調べたところ、当時のオーストラリア国立大では、キャンベラ・キャンパスに一年くらい滞在して授業参加すれば、帰国後、Ph.D用論文執筆が可能なことがわかった。これはチャンス！　と早速、主査の指導教授になってくれそうな先生に東京でお目にかかり、実質的な合意を得て、一年間休職して渡豪する計画を練り始めた。[47]

ところが、三〇歳で結婚し、三一歳で長男が生まれ、当時小学校で教えていた今は亡き妻が長男誕生とともに退職。家族持ちの身としては、一年休職してオーストラリアに行くのはツライものがあり、なおかつ経済面も考えなくてはならなかった。

どうしようかと悩んでいたところ、「完全純粋公募」で徳島大専任講師に運よく受かり、九四年四月に赴任。年収も倍とまでは跳ね上がらなかったものの、一・四倍以上になり、その後助教授（当時）にも昇進。次男も生まれたが、少しは余裕が出てきた。
そうこうしているうちに、防衛大学校の朋友、神谷《かみや》万丈《またけ》先生から「数百万円のフェローシップが出るからＮＺにある戦略研究センターで一年間、研究員をしないか？」とのオファーを頂戴した。当時の駐日ＮＺ公使との英語面談でこの話が正式に決まり、九六年三月にウェリントンに到着。英語の論文を書きつつ、各地のＮＺ国際関係学会などにて、日本を取り巻く国際事情について英語で講演する研究員生活が始まった。[48]
ウェリントンは治安もよく、各国（米国、オーストラリア、中国、韓国、フィリピン、インドネシア、シンガポール、マレーシアなど）の研究者ともお目にかかり、ランチを取りながらの情報交換など愉しむことができた。最初の頃は大変だったが、妻も息子たちも初めての海外生活にどうにか適応し、エンジョイしていた。
ところが一つ厄介なことが……。徳島大助教授としての「悲哀」である。当時のＮＺは英国の元入植地ということもあり、英国式の専任講師（Lecturer）、上級専任講師（Senior Lecturer）でもテニュア（終身在職権）を持っていた。だからその上の助教授（Associate Professor）や教授（Professor）となると、テニュア付きでなおかつ各学部数名という制度。すなわち、助教授や教授は、感覚的には副学部長か学部長という位置づけに相当し、学識もある「お偉いさん」なのである。日本と異なりNZでは、それなりの業績と政治力と教育力がないと、「助教授（現・准教授）」になれない。

筆者がゲストとして研究会や講演会などに招聘されると、「徳島大助教授（Associate Professor at University of Tokushima）」と紹介される。なので、講演を聞いた「専任講師」や「上級講師」やNZの大学（院）生からは、「どこで博士号を取ったんですか（Where did you get your Ph.D）?」とか、「えええええ、博士号ないんですぅか（What happened to your Ph.D）?」などの質問が出るわ、出るわ、出るわ……。

そのたびに、日本の文系分野では、博士号を取らなくても助教授になれること（実際、筆者が属していた徳島大の講座における若手の助教授・専任講師では、八人中二人しか博士はいなかった）、助教授はNZの上級講師くらいのレベルだということなどを、何度も繰り返し英語で説明せなあかんがなあ……という苦境に陥るのであった。**これは負けず嫌いの筆者にとっては、「悲哀」そのものである。**

## 執筆二年半かかりました

うーーーん。博士号を日本で取って、ギャフン（死語）と言わせてやる！　四〇歳になったら勝ってやる！（誰に勝つかわからんが・笑）と筆者が決意した理由が、賢明な読者諸氏にはおわかりいただけたと思う。

実際、帰国した翌日から博士論文執筆開始。**授業やらその他の業務が徳島大であるので、大学院博士課程に通うことはあきらめた。**一方で単著学術本を刊行して、どこかの大学院に論文博士を請求することにした。

これまで執筆した論文で参考にできるものも勘案。その結果、テーマについては、当時カナダ政治・外交政策学界で一世を風靡《ふうび》していた「パワー・イメージ・アプローチ」を使って、ピエール・トルドー（Pierre Elliott Trudeau）政権時代の主要外交政策事例を分析することに決めた。

カナダとアメリカ、そしてNZで、「せっぺせっぺ（信州弁）」筆者が集めた英語の文献資料や本は、質量ともにおそらく日本で有数であろう。他の文献所有者としては、筑波大の木村和男先生か岩崎美紀子先生、あるいは実質的な恩師である大東文化大の加藤普章《ひろあき》先生くらいしかおらんやろ、ということで盆暮れ正月の休みなし、たとえ二時間程度でも、毎日毎日、二年半くらいかけて、書き下ろしの旅に出かけたのであった。

## 表3　論文の観点、内容、具体例

| 観　点 | 内　容 | 「粗食と寿命」の具体例 |
| --- | --- | --- |
| a. 定義 | 対象となる言葉や出来事がどんな意味を持つのかを明確にすること。 | 食事面での粗食とは、具体的にどんな食事を指すのか？ |
| b. 叙述 | 事柄がどのように起きたのか、それは何かを描写すること。 | 粗食が長寿を促進させた事例は何があるか？ |
| c. 過程説明 | 物事の働きを説明したり、出来事の経緯を記述したりすること。 | 日本人の食生活は昔の粗食からどのようにして遠ざかっていったか？ |
| d. 因果関係 | なぜそのようなことが起きたのか、なぜそのような結果となったのか、その原因と結果を特定すること。 | なぜ粗食が長寿にはよいのか？ |
| e. 例証 | あるテーマについて、事例や類似のデータなどを挙げて証明していく、ないしは、反対のものを挙げて反論していくこと。 | 粗食でなくても、長寿になった例はないか？それはどうしてか？ |
| f. 比較対照 | 二つ以上の対象を比較することで、説明したり、共通点や相違点を指摘したりすること。 | 和食と洋食の粗食に違いはあるのか？ |

## 論文課題（Research Question）を探るための六つの課題

博士論文は先行研究評価に加えて、オリジナルな結論を出さなくてはならない。そのために**最重要なことは、「答え」のみならず、「問いの立て方（論文課題）」でもあった。**

当時、筆者が見つけた「問いの立て方」を説明しよう。まず、ごく簡単な例として、「日本における粗食と寿命」というテーマで論文課題を設置した際の「観点」を表3にしてみた。[49] **この表は卒論レベル以上の各種論文でも適用可能となる。**

これらa.からf.までの観点は、すべてが完全に独立した変数ではなく、執筆時にいくつかが重複したり、組み合わせたりする場合もある。たとえばa.定義を書いたことで、b.の叙述にもつながることなどは、論文ではよくあることだ。また、f.比較対照が実は論文では必要なく、a.定義とb.叙述で発見したことを、e.例証を入れてまとめるだけのケースもありうる（論文の内容と長さによるが、一つだけの観点からのみで仕上げることも可能であるものの、通常は複数の観点を組み合わせるのがよい）。

筆者としては以上の観点に気を配りつつ、表4のような、六〇年代後半〜八〇年代半ばまでのカナダ政治・外交をテーマにした博士論文を執筆することに決めた。

この表4のように書くと、なにやらきわめて晦渋《かいじゅう》な論文のように見えるが、実態はかな

## 表4　筆者博士論文の観点と内容（具体例）

| 観　点 | 内　容（具体例） |
|---|---|
| a. 定義と<br>b. 叙述 | カナダ政治・外交における「国益」を定義（政策決定者の目標）し、その「国益」から見たカナダ政治・外交における紛争事例は何があるか？ |
| c. 過程説明 | パワー・イメージ・アプローチで分析してみると、カナダ政治・外交政策の「過程」はどうなっていたか？ |
| d. 因果関係 | どのような原因でカナダは「国益」の達成に成功したり、失敗したりしたか？　パワー・イメージ・アプローチはどの程度因果関係の説明に有用か？ |
| e. 例証 | トルドー期のカナダ政治・外交で紛争となった事例の「過程」と「結果」面にパワー・イメージ・アプローチを適用させ、事例研究を通じて分析する。 |
| f. 比較対照 | トルドー期の初期、中期、後期において、政治・外交紛争の勝敗度合いに変化はあったのか？ |

りシンプル。表5のような目次（章立て）が最初の段階から頭に浮かんでいた。蓄えた知識や自分の限界も踏まえ、骨格はかなり簡潔にできあがったのである。

表5からわかるように、外交政策理論や国際関係理論をまとめた理論的考察篇と事例研究篇に二分割。そして**序章と終章を読んだだけで、細かな内容を除く論調の八割が伝わるようになっている。**加えて、第4章のパワー・イメージ・アプローチの評価も併せて読むと、ほぼ九割の論調はカバーできるようになっている。

具体的には、カナダを主要国《プリンシパルパワー》、中堅国《ミドルパワー》、小国《スモールパワー》のどれかと見なす、パワー・イメージ・アプローチの理論的考察篇では、次のよ

## 表5　筆者博士論文の目次（章立て）

| 『カナダ外交政策論の研究――トルドー期を中心に』 | 櫻田大造 |
|---|---|
| 序　章 | トルドー期を中心とした「カナダ外交政策論」 |
| | 理論的考察篇 |
| 第1章 | ミドルパワーとしてのカナダ |
| 第2章 | スモールパワーとしてのカナダ |
| 第3章 | プリンシパルパワーとしてのカナダ |
| 第4章 | パワー・イメージ・アプローチの評価 |
| | 事例研究篇 |
| 第5章 | 第1次トルドー期の外交政策（1968年～1972年） |
| 第6章 | 第2次トルドー期の外交政策（1972年～1974年） |
| 第7章 | 第3次トルドー期の外交政策（1974年～1979年） |
| 第8章 | クラーク期の外交政策（1979年～1980年） |
| 第9章 | 第4次トルドー期の外交政策（1980年～1984年） |
| 終　章 | パワー・イメージ・アプローチから考察したトルドー期のカナダ外交政策 |

うな議論となる。カナダの外交政策は紛争時においてその「過程」と「結果」を三つに分類できる。外交政策や交渉「過程」で主要国は単独行動主義を取り、紛争には勝利するが、小国となると対米追従主義や国際制度へのただ乗り行動を取り、紛争には敗北する。ミドルパワーたる中堅国家は、多国間協調主義と仲介役を演じ、紛争には引き分け的「結果」を得ると規定した。

さらに、後半の事例研究篇は、トルドー時代の主要外交事例を包括的にパワー・イメージ・アプローチで解釈する骨子にした。事例研究ではカナダの中国承認やベトナム戦争への対応外交など三七事例を記述し、いわばカナダ外交史の主要争点もわかる感じにした。

以上の内容は、当時の邦語文献はおろか、英語文献でも完全な形で取り扱ったモノがなく、先行研究との比較でも有利で、オリジナリティがあった。[50]

結論は、一九六八年〜八四年（途中九ヵ月間のジョー・クラーク〔Joe Clark〕政権交代期含む）のトルドー外交の主要外交政策を事例研究で記述し、どのような外交「過程」と「結果」が得られたか？　という「問い」に答えることにあった。「問い」への答えとして、全三七事例をパワー・イメージ・アプローチで分析してみると、中堅国《ミドルパワー》や主要国《プリンシパルパワー》的な外交交渉「結果（引き分け以上か勝利）」を得たのが二四件もあり、それもカナダ首相の関心や関与が高い事例が該当し、なおかつ米国との二国間争点よりも多国間争点で外交的成果を収めやすいことが判明した。

拙著完成前には、何人かの友人や先生にいろいろとアドバイスも拝受。たとえば、トロント大学院時代からの朋友・川﨑剛《かわさきつよし》先生などにも拙稿の一部を読んでもらい、コメントを頂戴した。なお、川﨑先生はカナダ人と結婚したためにカナダに残ることを決め、サイモン・フレーザー大でのちにアカポス（テニュア付き）を得ることになる。

以上、九〇年代後半の話である。[51]当時はまだインターネットが普及しておらず、回線も貧弱で、アメリカ大統領のホワイトハウスのホームページにつながると、おおおお！

と威張れる感じだった。必然的に、ネットで公開されている論文や記事などは入手できず、さすがにマスター論文執筆時のような手書きではなかったものの、[52]**ウェブからの情報はほとんど取れなかった**（徳島在住ということで、論文執筆ワープロとして、地元企業・ジャストシステムの「一太郎」には大変お世話になりましたわ）。

　なので理論篇を執筆した時には、まずB6判の**京大式カード**（2章の図1）に**重要点を記し、シャッフルして、内容が関連するカードを一緒にしておく**（キーワードなど見て集める）。**その後、三つのパワー・イメージ**（middle, small, principal）**ごとにカード内容を類型化して、使える箇所を自分の言葉でまとめる。それを基にして引用・参照**して、文章を書いていく、という様態《ようたい》となった。

　ニッチな戦後カナダ政治・外交が対象なので、文献資料の九割以上が英文だった。カード記載においては、時間がある時には和訳し、忙しい時は英文のまま参照すべき内容を記しておいた。類型化した後、三〇〇枚程度のカードから使用可能な二〇〇枚位まで取捨選択《しゅしゃせんたく》した後に、議論を組み立てていった。

　後半部分の実証篇（事例研究）では、京大式カードは使用せず、その事例に関する本や論文を収集し、実物を手元に置く。**その中で、同時に読むべき文献を四点ほどピックアップし**

て、一つの紛争事例の骨子をまとめ、足りない部分はほかの文献を直接読んで、加筆・修正していった。修士論文の時と異なり一太郎をフルに稼働させたので、必ずしも時系列でなく書きやすい箇所から書き出し、多くの拙稿バージョンも同時並行的に比較することが可能となった。

このように、アナログとデジタルの組み合わせによって、七八二頁に上る大著（少なくとも長さは）を仕上げることができたのであった（メデタシ、メデタシ）。

## どこの大学院に博士論文になる（であろう）本を提出するか？

以上、徳島大在職中最後の二年間は、夜も眠らず（昼寝して）、単著本の執筆に費やした。当時の一太郎はバックアップ機能がイマイチであり、あるセクションを五〇〇〇字ほど書いたところ、長男がバッテリーコードに足をひっかけてデータがまるまる消滅！　というトラブルもあり……。家で進めるのは無理なので、ひたすら個人研究室で文献を読んでメモを取るか現物の重要な箇所に印をつけておき、それらを読み返しながらまとめて、パソコンで執筆するという作業になった。

さらに運よく、またまた「純粋公募」で現在の関西学院大に移籍することになり、赴任後の半年間は執筆活動を継続。実は関西学院大の採用面接時に、**選考委員である副学長の先生から「博士号はどうなっているのか？　取るつもりがあるのか？」**と聞かれ、「ここだけの**話ですが、ある大学に提出すべく現在執筆中です**」と答えた。まさに、「キャシャーンがやらねば誰がやる！（©タツノコプロ）」の世界になっていたのである。

赴任前後に、なんやら学内ではいろいろな「事件」があったようだが、それについてグダグダ述べるともう一冊書けるので割愛して、長い教授会にも耐えつつ、筆者はともかく執筆優先でズンズン進んだ。脱稿したのは一九九九年九月一日であった（九日だったら、ゾロ目でもっと良かったが）。

完成が見えてきた頃に、どこの大学院に拙著を提出し、論博（博士乙）を得るかが課題となった。

ここで筆者が取りうる選択は二つあった。一つ目は、勤務先である関西学院大大学院法学研究科に博士（法学）学位を申請すること。この場合、**もしも勤務先の博士後期課程研究科委員会（学部教授会に相当）の博士授与審査投票で否決されると、今後の人間関係に大きな亀裂が入る**（少なくとも、筆者は×をつけた同僚を探し出して、「エコエコアザラク」と呪文を……以下自粛・笑）。

なので、この案に対しては自分で拒否権を発動し、次の策に移った。共同研究でご一緒させていただいた国際法・国際政治の権威である黒澤満先生（大阪大名誉教授、元・大阪女学院大教授）に、阪大での審査をお願いすることにしたのである。

黒澤先生は、阪大で多くの優秀なお弟子さんを育成した大家。当時設立間もない阪大大学院国際公共政策研究科（ＯＳＩＰＰ＝Osaka School of International Public Policy）に在籍されていた。先生とトロント大院時代の恩師であるジョン・カートン（John Kirton）先生やマイケル・ドネリー（Michael Donnelly）先生、それに先ほどの川崎先生等を結び付けて、カナダ政府から六〇〇万円の研究費をもらい、共同研究をしたことがあった（黒澤先生については、東京カナダ研究会の恩師である加藤普章先生にご紹介いただいていた）。

筆者にとってさらにラッキーなことには、主査の黒澤先生の他に、副査には日本政治思想史の大家で、今も精力的にご活躍しておられる米原謙《よねはらけん》先生になっていただくことができた。さらに、ナンと上智大の同級生である星野俊也先生（前・国連日本政府代表部大使・次席常駐代表）が阪大助教授（当時）だったので、もう一人の副査になっていただけたのである。[53]

## 提出書類は面倒くさがらず

阪大に正式に博士号申請する前に、ルールではまず本になる前の論文を製本して、研究科委員会に提出。「懇談」事項として異議がないようなら、口頭試問含めて「正式の審査」に入ることになっていた。[54] なお、正式の書類は六万円ほどの審査手数料を添えて、阪大事務局まで持参しなくてはならなかった。

提出書類には、これまでの筆者の経歴書と業績書（本や論文の要旨付き）があった。筆者は大学院博士課程に入学した経験がないので、**博士課程三年間分の勉強量**（コースワーク＝課程）**に該当する経歴と業績を、業績書で示さねばならない。**英語と日本語の共著本が一冊ずつ（英語共著本は査読付き）、査読付き単著論文が三報、査読のない単著紀要論文（研究ノート含む）が一報、共著紀要論文だが日本カナダ学会から賞を頂戴した英文論文が一報あり、**文系の博士課程三年分の業績**には十分だった。経歴的には、当時関西学院大法学部助教授だったのでそれもクリア。ということで、妻の車に乗せてもらって、吹田キャンパス事務局に提出しに行ったことを覚えている。

## 口頭試問（oral defense）の厳しさと愉しさ

阪大研究科委員会での「審議」事項でご承諾を頂戴してからは、拙著の提出となった。荒削りながら、拙著も奥付では一九九九年一二月二五日の印刷発行。その見本も主査と副査の先生方にお送りすることができた。残すは、正式な口頭試問だけである。

プリンストン大政治学博士の川﨑先生の口頭試問経験によると、自分がほとんどやっていなかった副査の数量政治学者からの質問がシンドカッタとのこと。筆者の先輩にあたる新川《しんかわ》敏光《としみつ》先生（元・京大教授、現・法政大教授）によると、トロント大での口頭試問では、日本政治の大家であるピーター・カッツェンスタイン（Peter Katzenstein）コーネル大教授（当時）を招聘してゴリゴリやられたと聞いたことがある。

筆者もきつい体験をしたが、知的には愉しかったと述べたい。口頭試問はどこの大学院でもそうだが、少なくとも学内には公開して、学部生でも院生でも教員でも職員でも部外者でも、**原則、誰でも参加できることになっている**。二〇〇〇年一月一二日に実施された筆者の口頭試問でも、国際政治専門の院生二人が参加して、一時間半以上の実質的質疑応答となった。

**口頭試問サバイバル術としては、想定問答集を作っておくことだ**。まず、当時はパワーポイントも持っていなかったので、準備した要点をまとめた紙媒体のレジュメを配布して、三〇分ほど内容を説明。そのあとに質疑応答や議論である。筆者の場合もスラスラ答えられるように、三〇問以上の想定問答集を作成して臨んだが、**それでも想定しない質問が飛んできた！**

当時流行だった国際政治理論に淫《いん》していた、「できるなお主！」という感じのドクター院生から、「国益の定義そのものにコンストラクティヴィズムの要素を入れると、イメージ図（図2）に、かくかくしかじかの修正を加えるべきではないか？　間主観性による分析を入れるとどうなるのか？」とのスルドイ疑義が呈され、少しシドロモドロ……[55]。「ちょっとそれは当該研究とはアプローチが違うので、今後の課題としたい」とかなんとか、答えたことを覚えている。さらに、星野先生やもう一人の院生さんがカバーしてくれて、どうにか挽回できた。まあ、かなりあがっていたのだろう。最後の雑談部分では「本日は、妻の結婚式なので、そろそろ……」とか自分で言い出す始末で、黒澤先生に「妻の結婚式？」と突っ込まれてしまった（妻の誕生日の間違い・笑）。

このように、元々筆者は実は気が弱く、おとなしい性格なので（笑）、過度に緊張した反面、終わってからの安堵感や達成感は格別だった（知的にも一歩進んだ感じがした）。

図2　国際関係理論、カナダ政治・外交、パワー・イメージ・アプローチの関係図

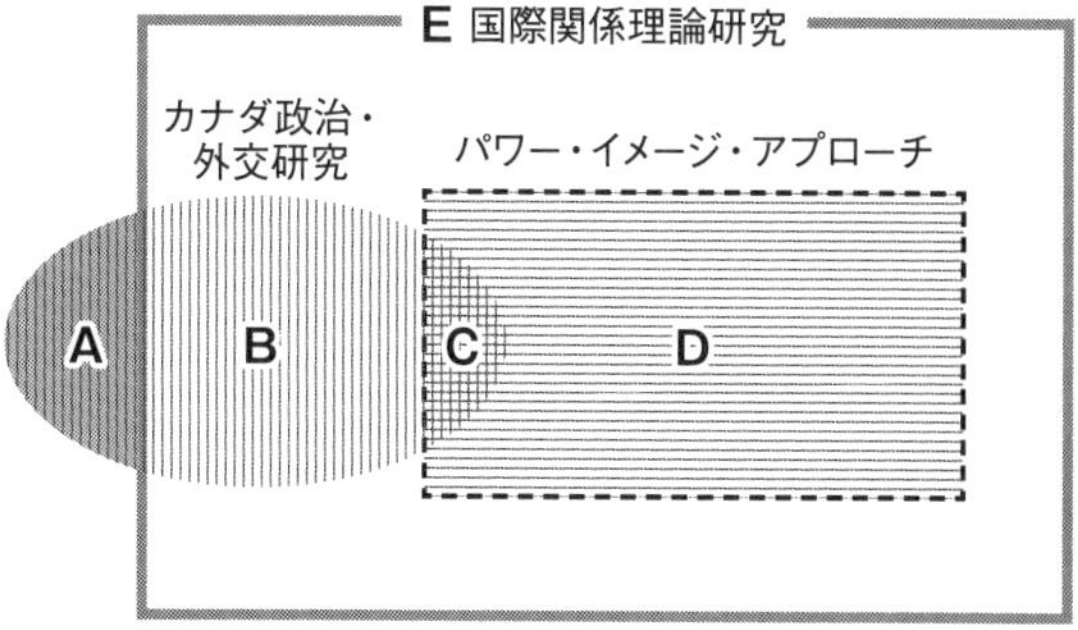


A＝［縦線・濃］国際関係理論指向でないカナダ政治・外交研究
B＝［縦線］パワー・イメージ・アプローチ以外の国際関係理論指向のカナダ政治・外交研究
C＝［格子］パワー・イメージ・アプローチを用いたカナダ政治・外交研究（本書の対象）
D＝［横線］カナダ政治・外交研究の対象とならないパワー・イメージ・アプローチを用いた研究
E＝［白］カナダ政治・外交研究にもパワー・イメージ・アプローチ研究にも関連しないその他の国際関係理論研究

出所：拙著『カナダ外交政策論の研究』（彩流社、1999年）
＊この図はあくまでもイメージ図であり、各研究の正確な分量などを示すものではない。

## 昇給に有利だった博士号！

ここでの教訓はやはり、答えられないとか、怒り狂うとか、泣き出すなど感情的な反応は絶対にNGということだ。**ともかくちょっとずれてもいいから答えること。どうしても無理なら、「今後の課題とします」と逃げを打ってもOKだ。**口頭試問段階までこぎつければ、主査も副査も落とすためにイジワルな質問をあえてすることは、通常ないからだ。[56]

「後は野となれ山となれ」である。あるいは「果報は寝て待て」でもいいが、もうできることはナッシング。筆者の場合、黒澤先生からのご連絡をドキドキしながらお待ちして、とうとう「研究科委員会満票で学位授与が決まった」とのありがたいお話には、大感涙！　シャンパンがなかったので麦芽一〇〇％のビールで乾杯し、妻や息子たちとケンタッキーのオリジナルチキンをほおばったものである。

二年半は長かったが、よかった、よかった。二〇〇〇年二月二日付の学位記が印刷され、三月の学位授与式でありがたく拝受した。早速、勤務先の関西学院大法学部（当時）事務室に、学位記のカラーコピーを提出（学歴詐称を防ぐため）。学部の事務長に「博士号を取ったら、大学から何か景品、出ないんですか？　ボールペンでもナンデモエエんですが」と質問した（徳島大では、赴任初年度に博士号を取ったら、号俸が一つ上がることになっていたので）が、

「残念ながら何もないんですよ」とのこと。

うーーん、移籍時の面接で、あれだけ博士号を取るよう言われたんですけどぅ！　でもまあ、前例がないならしゃーないがな……。

ところが、やはり神は筆者を見捨てなかった。〝最高裁〟があった！　教育歴を充たしたこともあり、二〇〇〇年度には、筆者の教授昇格が学部教授会にかかることになった。その結果、国際政治専門の主査と副査の先生に審査していただいたが、筆者のよき人柄が評価されたのか？（笑）、満場一致で翌〇一年度からの教授昇格が決定。月給の号俸も上がることになったのである（メデタシ、メデタシ）。

以上、今世紀前後の文系博士号取得の困難さとその後の安堵感を、ルポルタージュ風に（？）筆者の実例などを踏まえてツラツラ述べてきた。次章では、より具体的な勉強法や博士号取得のためのノウハウを伝授したい。

# 5章 定年前後のマイペース博士号取得術

## 原稿より健康、マイペースで頑張ろう

繰り返すが、本書の主張は、読者諸氏もドンドン博士号を取って、頑張っていきまっしょい！　である。大卒でも、十分な経歴と論文などがあるのならば、修士をすっ飛ばして博士になれることも前章で筆者の経験を通して説明した通りだ。

団塊世代や団塊ジュニア世代はその人口ボリュームをかんがみると、博士号取得熱はさらに高まる余地があるように思われる。今後筆者の予想どおり徐々に熱が高まっていくとなると、新たに稼げる道も拓けていく。次章では博士号をどうやってマネタイズするかについて具体例を述べたい。その前にまずは、本章でより具体的な学位取得のためのノウハウをお伝

えしよう。

博士論文を含めて長い文章を書くコツは、渡部昇一氏も述べているように、**機械的・自動的に毎日書いていくことだ。**たとえば、週に五日、資料やデータ収集もかねて、約四時間平均で「執筆」時間に充てる。どうしても土日しか執筆できないならば、家族や友人のご理解を求め、万難を排し、二〇時間位集中して書いてみる、というようなシステムが必要になる。

神戸学院大教授の中野雅至《なかのまさし》氏によると、霞が関の某優秀官僚は政府プログラムで二年間アメリカの大学院に留学して博士候補生（Ph.D candidate）になってから帰国。その後なんと、二週間の夏休みで博士論文を完成（！）させたそうだ。[57] **文章を書く、習得した知識を言語化するということは、習慣化したら実は結構ラクなのである。**

ただし、「原稿より健康」！

博士論文執筆はいわばマラソンであり、一〇〇メートル競走ではないので、スタートダッシュで決まるわけではない。体調との兼ね合いも決定的に重要となる。ムリせず、ムラなく、ムダもなく、体調悪化を避けてマイペースで執筆するのがベストだろう。一年や二年延びてもかまわないではないか。

## 学会に入る、論文を投稿する

次にできることは、たとえば一〇万字以上の博士論文を一気呵成《いっきかせい》に書き下ろすというのが難しい場合、紀要や学術誌に分割して書ける範囲での学術論文を投稿することだ。いろいろな学会の論文集や、学部や大学単位で定期刊行している紀要などは、ウェブでも入会方法や執筆規定など確認できる。原則的に、学会誌なら当該学会に会員として入会する必要がある。すでに学会正会員となっている方の一人の推薦、あるいは二人の推薦が必要だとか、推薦まったくナシで、申請すれば自動的に会員というところもある。[58] 文系の学会の場合、人口減少を受けて、**どこも定年前後層の正会員大歓迎だ**。推薦が必要な場合は、母校のゼミ教授などにお願いする、読んだ本や論文で感想を書きつつ、その著者にお願いしてみるなど、いくらでも方法はある。学会によっては学会事務局に相談もできるだろうし、やはりウェブでかなりわかる。

また業績的に重要になるのは、掲載が簡単な単なる紀要論文よりも「査読付き論文」である。査読付き論文とは、通常複数名の査読者（レフリー）により「掲載可／一部修正して掲載可／掲載不可」の判定を受けてから、正式掲載される学術論文のこと。これに対して紀要論文は内容がそれなりであればよほどひどくない限り載るという点で、査読付き論文より劣ると見なされる。[59]

また、会員の有無など関係なく、誰でも投稿でき、査読が付く学術誌もあるので、ウェブで検索してみよう。たとえば、筆者の専門のカナダやアメリカの地域研究となると、知る人ぞ知る、上智大アメリカ・カナダ研究所が編集している『アメリカ・カナダ研究』がある。年に一度の発刊だが、邦文あるいは英文での投稿を完全にオープンにして、随時受け付けている。

### ビジネスパーソンの場合、報告書も業績に！

ビジネスや公務関係の職に就いていると、紀要論文などの発表媒体が少ないかもしれない。その場合にも、履歴面では学術論文と見なされる研究成果を蓄積することができる。たとえば勤務先系列のシンクタンクや調査部が出しているレポートや報告書に投稿できないか、探ってみるのもよいだろう。あるいは、経済・経営系で博士号をめざすならば、**社内で書いたり、まとめた過去の報告書やレポートを実物として、指導教授に提出することもできよう。**

次章で説明するが、現在の大学や大学院では実務家教員への需要が増えているために、純粋なアカデミックではないレポートの類もかなり評価されるようになってきた。書いたもの

（できれば署名入り）があるのならば、それが評価されるかどうか、ダメ元でいいからチャレンジしてみるのがよい。

学生時代から学術的な論文を書いたことがない人は、学会に入っていろいろと情報を集めることから始めてみよう。自信がないならば、やはり大学院で学び直すのが遠回りのように見えて、人生一〇〇年時代では近道となる。

## 指導教授選定で決まる！

博士号取得の決意が固まり、周りにも決意表明ができたら、次に大事なのは、どの教授に自分の指導教授になっていただくかということだ。筆者の幸運な体験はすでに述べた。温厚でやさしく、でも、キチンと筆者の書いたものを読んでご指摘をいただいたおかげで口頭試問に備えることができたので、恩師・黒澤先生にはただただ感謝するのみである。また、黒澤先生をご紹介くださった大東文化大の加藤先生の教えも、一生の宝だと今でも感じている。

筆者はとにかくラッキーで、小・中・高・大・院と恩師に恵まれたと思っている。一方で、この業界に入って三〇年を超えると、大学教授の中には時々「変人」というか、正直「なんじゃこりゃあーー？（Ⓒ松田優作）」という方もおられると側聞《そくぶん》している。

生々しい話は開陳できないので、小説ではあるもののリアリティに満ちた、大ベストセラーである筒井康隆《つついやすたか》氏の『文学部唯野教授』（岩波現代文庫、一九九二年）を取り上げたい。ここでは、今なら完全にハラスメントでアウト！　というシーンが出てくる。以下括弧書きなどは筆者の注釈である。[60]

助手時代、（主人公の）唯野はこの蟻巣川（教授）から理不尽なこき使われかたをした。今でこそ冗談を言いあったりもできるようになったが、唯野は昔のことを忘れず、それは今でも澱《おり》の如き恨みとなって残っている。

（蟻巣川）「おい。この資料のコピーをとれ。それからオリジナルを破棄しろ」
（唯野）「はい」
（蟻巣川）「待て、それからコピーも破棄しろ」
（唯野）「あのう、それだと何も残りませんが」
（蟻巣川）「なんだと」
（唯野）「それだと何も残りませんが」
いきなり蟻巣川の平手打ちが唯野の顔にとぶ。

（蟻巣川）「同じことを二度言うな。しつこい奴だ」

暴君であり、そうしたことが日常であった。（母校の大学で）教授になってからは蟻巣川からどうにか人間扱いしてもらえるようになったものの、その本質は今でも変らぬ筈と唯野は確信している。

ぎょえええ。まさに、「蟻巣川教授」というよりも「蟻巣川恐獣」のほうがふさわしい名称だろう。こりゃ、指導された唯野助手がカワイソウだと感じるばかりである。

実際、昭和の昔には、指導教授に酔ったふりして殴られた（！）とか聞いたことがある。あるいは、四方田《よもた》犬彦《いぬひこ》氏の『先生とわたし』（新潮社文庫、二〇一〇年）のように、言い争いの末に指導教授からひっぱたかれて、疎遠になるという風景も事実だろう。

今ならハラスメントのような人権侵害的行為が、昭和では残念ながらありえたのだろう。次章で説明するように、このようなハラスメントは大学という進歩的な場では現在絶対禁止になっている。いわゆるコンプライアンス（以下、コンプラ＝法令順守のこと）上、厳しくなり、『文学部唯野教授』のような実例は消滅したと信じたい。

そのうえで、**指導教授選定で大事なことは、その教授が、自分と主な考え方や学問に対す**

るアプローチの仕方が一緒、性格も温厚で、自分に合致した指導をしてくれることだ。なおかつ大学専任教員ポスト（アカポス）も狙っているのならば、それなりのコネや勢力を持っていればなおヨシとなる。

見落としがちなポイントとして、指導教授がいつ頃定年を迎えるかも視野に入れねばならない。国公立大はだいたい六五歳定年がフツー。私学は六五～七〇歳くらいだが、もう少し長い場合もある。とにかく、指導教授の定年前に博士論文が完成しそうなのか、もしも定年後の完成になってしまう場合、代わりにどの教授が指導してくれるのかなど、その研究科委員会での将来像もある程度予測することが必要だろう。[61]

## 指導教授の研究力・教育力はどうか？

二一世紀の大学現場では、学生による授業評価、専任教員による相互授業観察（コメント付き）、ＦＤ（Faculty Development ＝教育力向上のための実践的方法）講習会の出席義務付けなどが叫ばれ、ある一定の教育力が必要となっている。**四〇年前に自分が書いた、黄ばんだ講義ノートをボソボソと読みあげるような授業は稀だ。**

ここでまたまた『文学部唯野教授』にご登場いただくが、ここに引用したようなさすがにありえないくらい「ヤバい」講義は困るだろう。

　やや落ちついてのち、今度は唯野の怒りが日根野（教授で同僚）に向かった。日根野の幼児性には唯野と共通するものがあったが、それよりも唯野は、あのような日根野が自分自身のことを人格者であると確信して疑っていないところに苛立たしさを感じてどうしようもなくなるのだ。大学の教員すべての欠点を凝縮している日根野への怒りは即ち大学の教員全体への怒りだ。唯野は一度だけ日根野の講義を傍聴して驚倒《きょうとう》したことがある。何を言っているのかまったくわからないのだった。怒りを鎮めるため、唯野はさっそくその時の日根野の講義の真似をしはじめた。

「ふぁなとらんさぱりのあしぇっというん、やからんこぼんでのざんふぁんいうんをだしたがこれんはぴゃくはちゅうろくえん。ひゃらひゃらひんのあとんきゅひゃくえんにひゃらひゃらひん。またじょげのんをだしたがじょかんはのざんふぁんのままでげ、かんはふぃーゆえぎゃるそんにした。らんぴんこのんはめぶんでひんいをたえているまんのまんごずも。ぺん」

　アナトール・フランス（Anatole France、仏の詩人で小説家・批評家）についての日根野の講義は実際にこの通りだったのであり、これをえんえんと一時間余も聞かされる学生は災難だが、こうした喋りかたをする教授は大学において現実に二十人にひとりは存在し、これほどひどくなくてもこれに近い喋りかたをする人物は四人にひとり存在する。

うーーーん。唯野教授による日根野講義のマネ部分を理解できる方は、おられないだろう。筒井氏の原文の描写は八〇年代の大学を対象にしているので、これほどわけのわからない（そもそも日本語だろうか？）講義は、今や珍しい。さらに、昨今では大学授業改善の一環で、学生の授業評価も必須であり、八〇年代と比べると、大学授業は確実にわかりやすくなってはきているだろう（匿名の掲示板だが、「みんなのキャンパス」という、現役学生が授業の感想を書き込むウェブサイトもある）。

いずれにせよ、この日根野講義のような、何を言っているかわからない感じの指導教授だと、院生として口頭試問を受ける時に、相当苦労する。

さらに、指導教授の研究力の問題もある。実際、過去五年くらい、ほとんど学術論文を書いていない教授のケースも今なお見聞する[62]。

## テーマがすべて

博士（あるいは学術）論文執筆において次に優先すべき事柄は、テーマである。学術論文においては、名古屋大教授の戸田山和久氏が『新版 論文の教室』（NHKブックス、二〇一二年）で指摘するように、**必ずテーマへの「問いに対する明確な答え」があり、それが論理的・客観的に説明されていないとダメだ**。序論部分では、三人称的に「本論は、◎○の問題について論じ、その回答として▽△と結論付けたい」ということを入れないとアウトだろう（体験記ではないので、私は〜とかの書き方も博士論文としてはおかしい。あくまでも第三者的視点から執筆しなければならない）。

その「問いへの答え」を含めて、博士論文はその他の論文と同じように一頁以内で要約が可能となる。そして繰り返しになるが、序論と結論を読んだだけで、内容の八割以上がわかる感じになっているハズだ。

テーマ選定で気をつけないといけないのは、現在進行形のテーマが、必ずしも博論に向いていないケースがあるということだ。

学部生を教えていて気づくことがある。彼ら彼女らはともかく現在流行《はや》っていることや、あるいはどこかで聞きかじったり、ネットから得た情報をレポートにしたいとの欲求が強い。

「速報性」という面ではウェブには本や論文は逆立ちしても勝てないのは確かである。しかし「諸行無常《しょぎょうむじょう》の響きあり」で、近年流行った「映《ば》えるタピオカ事情」のようにすぐ古くなる。その意味では修士や博士論文レベルでは、カレントなテーマよりも過去の事例分析のほうが取り組みやすい。あるいは、時代を区切って「八〇年代初頭までの日米オレンジ交渉」などのようにしたほうが、スッキリするだろう。

筆者の聞いた実話では、八九~九一年の国際政治システムの地殻変動により、博士論文執筆が頓挫した事例がある。東西冷戦の終焉だ。ベルリンの壁が崩壊し、東西ドイツが統一され、ソ連の衛星国だった東欧諸国が民主化・市場経済化し、最後の九一年のクリスマスにはソ連邦が崩壊。〇一年のアメリカ同時多発テロや最近の中国の台頭以上の、世界史における「分水嶺《ぶんすいれい》」となった。

その前後、筆者の友人は、アメリカの某アイビーリーグの大学院で、ソ連も対象にした博士論文執筆に取り組んでいたが、なんとソ連が消滅してしまった。その結果、それまで蓄えてきた膨大な資料やデータが使えなくなり、茫然自失《ぼうぜんじしつ》して書き上げることができなかったと吐露《とろ》してくれた。このようなことが起こるから、同時代的なテーマはコワイのだ。

過去の歴史的テーマを取り扱う際の注意もある。しばしば興味のあるテーマについて調べてみたら、すでに「決定版」と言えるような学術著作があり、自分のオリジナリティが出せませんでした（泣）ということも、十分ありうる。いわゆるOver-research状況というのもコワイものだ。ただしこのような**決定版があっても、それを乗り越えるようなツッコミ（再解釈や新規の発見）ができるのならば**ＯＫだと付け加えたい。

## 仕事を活かすか、趣味を活かすか？

博士論文のテーマ決定にあたり、自分が親しんだ業界の職種経験などを活かすか、それとも週末などに夢中になっている趣味を活かすか（両方活用できるのがベストだが）という選択肢もありうる。

筆者の知っている例として益本仁雄《ますもときみお》氏のケースを紹介する。益本氏はコガネムシなどの収集とその類型化が趣味で、休みは海外渡航を含めすべてそれに費やし、英文学術論文を何遍も査読誌に投稿して受理。[63] 昆虫学分野が専門だったが、松下電器産業㈱（現・パナソニック㈱）の調査・企画部長でもあったし、在職中三十代半ばで、共著『短波に強くなる——海外放送受信学入門』（講談社ブルーバックス、一九七六年）も発刊。ビジネス面での知識とスキルも買われて、大妻女子大の生活情報学教授（当時）に転職した。益本氏は、「消費者商品学」「消費者科学」「消費生活論」、そして「消費者調査法」などの授業を担当した。自分の専門である昆虫学や生物多様性関連も教えたようで、こうなると、まさに仕事関連の知識を活かしつつ、趣味の生物学関係も両立させた形となる。

この益本氏のように、論文のテーマを決めるにあたっては、「自分にとって何が一番大切か」を決め手にするといいだろう。筆者は、益本氏主催の研究会（一〇年後の日本社会・経済・経営関係）でバイトをしたご縁で知り合ったが、昆虫命（！）の半面、ビジネス面での優秀さも感じた。本来なら、純粋な昆虫関係研究室（ラボ）での専任教員職採用が望ましかっただろうが、なかなかアカポスがないようだった。次善の策として、ビジネスパーソンから消費者関連、あるいは生活情報学の大学教員になったとのこと。このように、博士号の分野（益本氏の場合、後述するように昆虫学）とは異なる分野でも、大学教員として採用された例も多々ある。それは、**博士なら異分野でも大学レベルの授業をこなせる、そのような応用力があると見なされたからだ。**

趣味を活かした生物多様性や昆虫分類学も研究継続となった益本氏のような例は、かなり幸運なパターンだと言えよう。かく言う筆者も、最初の勤務先での条件は、国際政治（専門分野）のみならず、必修の英語授業も教える（筆者は中・高の英語教師の免許もある）ことがノルマだったので、ある意味似ているが……。

話を論文に戻す。ここでのポイントは、博士論文執筆や学術的な論文を何本も書くということは、マラソンだということにある。その意味では、何百時間も続けて調査し、執筆していても苦にならない分野が取り組みやすい。指導教授との関係は、ともかく相性が大事だと述べたが、**テーマについては、自分が集中できるもの、調べたり書いたりの能動的知的生活をワクワクしながらできるモノがいいだろう。**

## 博士論文執筆のための情報収集法

テーマが決まったら、文献・資料・データをマクロからミクロへとガンガン収集し、読んでまとめていくことになる。本、論文、情報、データなど簡単に検索できるサイトなどをご紹介しよう。学問分野によってかなり違うが、汎用性《はんようせい》のあるもので、本書にこれまで出てきたものも含む。

無論、分野による偏りはあるので、どんなウェブサイトや図書館のデータベースなどがよいのか、指導教授に必ず聞いてみてほしい。そして、学会関係者、友人、ライブラリアンにも尋ねつつ、最適なデータベースなどを探していこう。

①NDL ONLINE　国立国会図書館のオンラインサービスで「詳細検索」すると、博士論文情報から雑誌記事などまでかなりヒットする。また国立国会図書館法により、日本の出版社は刊行本をここに一冊寄贈しなくてはならないので、邦語蔵書数も世界一。大学図書館や公共図書館からＮＤＬの図書や文献の取り寄せも可能（ただし有料）。

②CiNii Articles　言わずと知れた学術本や論文を集めたサイト。ＮＤＬと同じくらい有用だが、邦語論文が中心。

③マガジンプラス　邦語雑誌主体のデータベースで、図書館内で使用可能なところが多い。

④Google Scholar　理系ならまずはこれ。論文執筆者名やキーワード検索をして公開論文を読む。文系の英語論文などの検索にも使用可能。執筆者名での検索が特に有益。

⑤Scopus　収録数最大規模の論文データベースで理系分野でも活用されている。

⑥ProQuest　英語の雑誌や新聞記事が読めるデータベース。筆者は『カナダ・アメリカ関係史』（明石書店、二〇〇六年）執筆時、特に一九九〇年代以降に関して、学術論文や本などが少なかったために、「カナダ首相名（Chretien とか）」と「米大統領名（Clinton とか）」で検索してヒットした英語記事をすべて読んでまとめた。

⑦Web of Science　理系論文が中心だが、有用。
⑧Dissertation Express　北米などの大学院の博士論文を購入できるサイト。
⑨RealClear World　日本を含む国際事情の論調が英語で読める無料サイト。検索には電子メールアドレスによる登録が必要。時事問題について、政策エキスパートの意見などがわかる。

**図書館レファレンスに頼んでみる**

自分なりにかなり調べた後では、やはり「餅は餅屋」！　図書館のレファレンス・コーナーで、調査のヒントをライブラリアンに聞いてみよう。その際、できるだけテーマが絞られていて、ここまでは知っているが、他に何かリサーチできる「裏ワザ的情報」を聞きたいという状況がベター。ライブラリアンならではのスキルでデータベースを含めて、いろいろと対処してくれるハズだ。

1章で触れたがやりようによっては、ライブラリアンを自分の〝秘書〟にすることもできる（！）。筆者は、外部からの研究費をほとんど獲得したことがない（申請自体もしてないが・笑）ビンボー学者なので、無論、雑務とか情報収集をやってくれる秘書さんがいるわけもない。全部「自助」の境遇にいる。

しかし筆者は、有能なライブラリアンを秘書代わりに使った経験がある。ある一般向けの書籍を執筆した際、弊学図書館とデータベースでは閲覧《えつらん》できないようなジャーナリスティックな情報が必要だった。そこで筆者もない知恵を絞る。どうせ経費で落とせるのなら[64]、自分でできないことは、弊学ライブラリアンに徹底的に代行してもらったらどうだろうか? と。

どういうことか? NDL-OPAC(当時)、CiNii、マガジンプラスなどの検索エンジンで、本のテーマにかかわるキーワードを打ち込み、ヒットした一般雑誌掲載記事(もちろん、図書館にはない)を、全部電子メールで図書館利用係に申し込み、他大学図書館やNDLから取り寄せたのである。記事そのもののコピー代金や郵送料はかなりかかったが、時間のほうが大事だった。

利用係のライブラリアンは図書館間相互貸借(ILL)を利用。現物が到着したらメールでレスが来るので、図書館に出向いてお金を払って持ち帰り、それらを読んでまとめた。その結果、三〇〇頁近い拙著を八ヵ月ほどで書き下ろすのに成功[65]。結果的に重版することもできた(メデタシ、メデタシ)。

北米の図書館を知っている筆者としては、実はライブラリアンというのは、ウェブ登場前からかなりのノウハウを持っていることを承知していた。北米のメジャーな公立図書館や大学図書館に勤務するには、修士号レベルの図書館学（library science）の学位が必須。図書館をしゃぶり尽くすように、図書館学専門のライブラリアンの支援を得ていくと、良いこと尽くめなのである。

### 「業界紙」情報という裏ワザ

あまり知られておらず、ウェブではなかなか取れない情報として、業界紙の活用法をお伝えしておきたい。たとえば、日本の水産業政策について、博論を書いていると想定しよう。水産業界関係の事情について知りたいのならば、一般紙に加えてその業界が出している専門紙を読むとよい。詳しくは、「知る人ぞ知る『業界新聞』１００選」というウェブ記事https://business-textbooks.com/industrynewspaper/（二〇一〇年八月二八日アクセス）を参照してほしい。

ちなみに、筆者は国際政治や安全保障政策が専門なので、自衛隊関連業界紙の『朝雲』はそのアーカイブ（記録）も含め、多々利用させてもらっている。一般紙以上の分析には定評があり、きわめて役立つし読みごたえがある。

業界紙もデータベース化されて、アーカイブで読めるものもあるし、そうではなくとも、NDLでは保存してあるはずだ。ほかには、その業界団体（発行元）に直接問い合わせてみると、バックナンバーまで含めて入手できよう。

## 取材（インタビュー）で情報を取る

読者諸氏の中にジャーナリストがおられるなら当たり前のことだろうが、新聞や雑誌などで調査し尽くした後の最後の手段として、取材の重要性も記しておきたい。基本、新聞や雑誌（ウェブ版含む）は、記者会見、インタビューや座談会など取材によって成り立っている。ところが、大学一年生に教えていて痛感させられるのは、ウェブとSNS（それも動画）全盛の今、見知らぬ人に電話する、あるいは対面で聞いてみるという方法が苦手の層もいるということだ。

自分から積極的に動いて損することはない。わからないことは知っている人に、対面で、あるいは電話やメールなどで聞くことができると、一皮むけたレポートや卒論になる。

歴史上の人物で物故者（文学作品研究の博士論文レベルでは物故者の作家を主な対象とすると聞いた）でない限り、**政策決定者**（**当事者**）**やら当該分野の知識人、ジャーナリストなどに、**

**ダメ元精神でドンドン取材してみよう。**本書でも筆者が日本語や英語で取材した経験や情報をフルに盛り込み、必要に応じて脚注の出典に落とし込んでいる。

可能ならその時に録音をお願いして出典として記すが、オフレコや匿名扱いの場合は、取材ノートだけつけておく。そのうえで、論文の脚注に「匿名の情報源、取材日二〇二〇年七月一八日、大阪にて」と入れる。英語なら、confidential source あるいは confidential interview と記す必要があろう。

このように、博士論文という能動的知的生活の最たるもののためには、文字通りの「全力少年〔中年〕(©スキマスイッチ)」になる必要が出てこよう。

**いわば、読み、聞き、見て、話し、書くという言語化の五手段をフル活用する。**その過程で大きな飛躍を遂げ、能動的知的生活の醍醐味《だいごみ》も味わえるようになる。

このレベルになると、自分が読んでいるすべての情報から、論文のネタが見つかるとか、やはり人に聞いたほうがいいなあとか、あるいは映像的なものを見るのが一番印象に残るなど、何が得意で何が不得意か、自分の学習個性もわかるようになる（ある大学院生は、読んだ論文や本を、現在書いている論文にどうにか利用できないか、常に考えるようになったと言う）。

あるいは、歳を取るにつれて、「若いころは不得意だったけれど、読解力がついてきた」

とか、逆に「人に取材した話が、ずっと有用だとわかった」など、時間的変遷もありえよう。
**定年前後の読者諸氏ならば、これまでの仕事の経験から自分の得手・不得手をわかっている方は多いだろう。自己分析して、最大限に取り組みやすいノウハウを得ていこう。**

### 英語は必要か？

ここで、実質世界共通語（lingua franca）になっている英語の能力がないと博士論文は書けないのか？　という問題を検討する。

結論的には英語能力があるに越したことはないし、不可欠のケースもあるが、**分野によってはなくてもまったく問題ナシである。**3章で見た表2でも、英語能力を必須としている分野とそうでない分野の大学院があった。博士号レベルでも、たとえば、「日本経済史」「近世日本社会」といった分野では、日本国内での勝負となるので、当然ながら必ずしも英語は必須ではない。文学が専門でも、比較文学的な研究となると必然的に対象地域の言語ができないと困るが、中近世日本文学などだと崩し字が読めるとか、古文書《こもんじょ》が読めるとか、他の能力があるかどうかが、ずっとずっと大切になってくる。

現代を扱っているテーマでも、日本国内で完結しているのなら、英語を使わずとも博士論文を執筆できるだろう。たとえば、筆者個人的には、講談社、集英社、小学館、KADOKAWAなどの主要出版社の比較研究など、面白そうな博士論文テーマかなあと感じる。

どうしても英語の論文や本からの情報が必要な場合、翻訳者に翻訳を頼むという手もある。2章で示したように、ごく簡単な機械翻訳ならグーグル翻訳とDeepL翻訳があるが、筆者の専門分野から見るとマダマダの印象ではある。プロの翻訳者にお願いして、邦語訳をつくり、それを脚注で明示していく方法も可能だ（8章で後述する長沼貴美《ながぬまたかみ》氏は、博士論文のためにプロの翻訳者を活用している）。

## 文系博士論文執筆の心得

ここで、博士論文を仕上げるための執筆に関する注意事項をまとめておきたい。筆者の経験のみならず、博士号保有者なら、「あるある」と頷けるはずの三つの心得（これまでの繰返しも含む）となる。

その一は、ともかく**最初の序論**（章）**と最後の終章**（結論の章）**を読んで、八割くらいの中身がわかること。**

4章でご紹介した川﨑先生は、プリンストン大で著名なケント・カルダー（Kent Calder）

教授などに師事し、日本外交で優秀な博士論文を三二歳で書き上げたが、その川﨑先生曰く、「どんなに長い論文でも一頁以内に要約できる」とのこと。[67] まさにその通りである。そうでない論文は、えてしてご本人も何を書いているのかわからないか、故・ミシェル・フーコー（Michel Foucault）並みの超天才か、どちらかであろう（前者の可能性が高い・笑）。

必須条項その二は、**段落をトピックセンテンスから書き出す＝結論最初主義で行くこと**。[68] これはフツーのレポートや卒論でもそうなっているし、「もっと短く要点をまとめろや」みたいな感じで、常日頃「訓練」を受けているビジネスパーソンや公務員の方々などは、意識しなくても身についているスキルだろう。

## 「優」のパラグラフ例と「不可」の例

論より証拠。結論最初主義的なパラグラフ（段落）とそうでないパラグラフの具体例を、ここで比較してみよう。これは日本語でも英語でもまったく同じだが、ともかくトピックセンテンスを最初に持っていくと、簡潔でかなり読みやすくなる。

テーマはあるメーカー（X社）で、A製品とB製品のどちらを先に販売すべきか、をめぐるレポートである。[69]

＊「優」パラグラフ（二二九字）

**B製品よりもA製品を早急に販売すべきである。** X社の過去三年の売り上げ実績によると、製品ユーザの購入理由が、価格、品質、使いやすさの順になっている。価格が最大購入動機であるために、品質や使いやすさではなく、価格面で安価なA製品の販売が望ましい。B製品に比べて、単価で五〇円も安くすることが可能なためだ。生産高を現在より一〇％上げると、単価はさらに一〇円安くなる。したがってB製品よりもA製品販売を優先したほうが、X社の利益アップにつながる。

＊「不可」パラグラフ（三〇二字）

最近のX社製品ユーザの購入優先順位には、変化があるようだ。過去三年の売り上げ実績調査によると、価格が最も重要で、その次に品質、さらには使いやすさの順番になっていることが判明した。販売を考えているAとBの製品をこの三つの優先順位から見てみよう。品質、使いやすさでは、B製品のほうがよくなっているが、価格は、A製品の方がB製品よりも単価あたり五〇円安くなる。生産高を一〇％上げた場合、A製品の単価をさらに一〇円下げることも可能となる。したがって、B製品は品質や使いやすさ面では、A製品よりも有利であるが、X社の利益をあげるためには、やはり価格面での**競争力が強いA製品を推薦したい。**

この実例では、「優」パラグラフも「不可」パラグラフも内容はほぼ同じだ。つまり太字で書いた文章が結論である。にもかかわらず、「優」パラグラフのほうが七三字も少ない文字数で、なおかつ一度読めばスンナリ頭に入る。最初に結論があり、その論拠を述べ、最後に結論を再確認することで、読み手にとって印象が残るスタイルとなっているからだ。

博士論文でも、この「不可」パラグラフにならないよう、意識して、トピックセンテンスである結論を最初に書こう。大学の卒論でも、このような文章およびパラグラフの書き方を指導しているが、慣れると学部生レベルでも読みやすい論文に仕上げてくる。

## 先行研究評価は必須

その三としては、**先行研究評価（review）を入れること。文系修士論文以上ではマストだ。**当該研究がこれまでの文系学問の蓄積において、どのようなオリジナルな貢献ができるのかを示すためにも、一章（あるいは一ヵ所）で「かくかくしかじかのような研究がこれまでありましたが、それに対して拙稿ではこういうオリジナリティがありますよ！」と訴えなくてはならない。博士論文でそれがないと、口頭試問でそこのところを突っ込まれ、最悪の場合、落とされる。[70]

繰り返すが、語学能力よりもむしろ重要なのは、**その論文がその分野でどのようなオリジナルな貢献ができるか、である。**その意味ではまさに先行研究に対する評価の章か箇所を設けるとベターである。「これまで邦語（あるいは必要に応じて他の言語）では、かくかくしかじかの本や論文があるものの、それでは足りない。したがって、本研究では具体的に以下の貢献をする」という感じになる。ぜひ先行研究紹介と**それをどう乗り越えるのか**を力説してほしい。

そのためには、各大学院やＮＤＬで公開されている博士論文のリポジトリや書籍版を読んでみるのも面白い。たとえば、書籍になったおススメの博士論文例としては、国際政治学理論と実証を取り扱った「古典」でもある草野厚慶應大名誉教授の『日米オレンジ交渉』（日本経済新聞出版、一九八三年）を挙げたい。

日本市場への米国の柑橘類《かんきつるい》輸出枠獲得が課題となり、その交渉過程がわかる。どのようにして日本側は米国側の要求に応えていったかが、組織対立、政府内政策決定者、圧力団体を含む政治という三つの政策過程分析枠組みにおいて、どの程度説明力があるかを示している。そのうえで、「相互浸透（transnational model）」という視座を導入して、オリジナリティを生み出した。草野氏が東大に提出した博士論文を基にした優秀な単著（古典）である。

**コピペはいけない！**

さらに、**学術性の担保という課題**について触れたい。脚注の出典において、URLなどの情報をコピペするのはよいし、章立てをほかの博士論文に似せるのも問題ない。

しかし、文章そのものを、括弧付きとするなど地の文と体裁を変えずに、ネットや紙媒体のものからコピペして使う行為は最大の禁忌《タブー》だ。**学術論文と他の一般書の最大の違いは、脚注や参照文献により出典を明示して、どこからが自分の考えで、どこが引用・参照した著者の意見や情報かということの区分にある。他書の本文の一部を括弧でくくるなどして地の文と区別することなく引用することは、基本的にダメだ**と肝に銘じておこう。

研究者がひどいコピペ論文や本を出すと、剽窃《ひょうせつ》（盗用）扱いになり、最悪失職しても不思議ではない。剽窃が学位取得後に判明した場合も、学位剝奪になりうる。用心には用心を重ねること。引用・参照文献などの出典を明らかにする注をつけるかどうか迷ったら、つけたほうが無難。注をつける基準は、「自分はその情報を前もって知っていたか？　否か？」にあると覚えておくとよいだろう。

**鮨は握りたてがいいが……**

ともかく期限を設定したら、その時までに最後まで仕上げること。健康状況が許す限り、これがすべてに優先するのは言うまでもない。そのうえで、ゼミ生諸氏には口を酸っぱくして、「鮨は握りたてが一番うまいけど、レポートや卒論は真逆ですよね。今、印刷してきました！　出来たてホヤホヤですというのは、必ず誤字脱字など含むミスがありますから、注意しましょうね」と力説している。

**必ず一晩、いやもっと「寝かせて」、**三回くらい繰り返し読み（「音読」も効果的！）、**可能なら家族や友人にも目を通してもらい、最後の推敲・校閲・校正チェックを済ませてから、**所定の方法で提出していきたい。

ここまで来たら、通常あとは口頭試問のみ（英語などの語学試験を口頭試問前の条件として課す院もあるが、英語を使った論文発表などがあると免除される場合もある）。ただし4章でも説明したが、普段あがり症でない読者諸氏もあがってしまうかもしれない緊張感がある。深呼吸し、できる限りリラックスしてほしい。そして事前の想定問答集もしっかり暗記したうえで、説明していこう（なお、資料やら論文そのものの持ち込みは普通可能である）。

最終段階の口頭試問は、落とすための試験ではない。[71] 関係者一同、この論文には博士号をぜひ授与したいと願っているのが通常。どうしても返答できない疑問や課題を聞かれたら、**「それは今後の研究テーマにします！」**というその場しのぎでもいいから、ともかく落ち着いて受け答えしていこう。

## 最後は投票だけど、安心して

大学院を私物化し、「誰それに博士号を授与するが、誰君にはあげない」みたいなことは、現在のキチンとした大学院では不可能だ。

それを担保するためにも最終決定は、博士学位の授与資格を持った、ドクター(合)研究科委員会（博士後期課程指導教授研究科委員会）での投票で決まる。

そこでは、論文要旨が配布され、どういった点で学術的に博士号にふさわしいのかが説明された後に、無記名投票に移る。「果報は寝て待て」ではないが、口頭試問が済んだら結果を待つしかない。通常は落とすための投票でないので、その論文に大きな剽窃があるとか、何かよほどのことがない限り、大学人はキチンと投票する。

もしも万一自分が納得いかない理由、あるいは理由もなしで落とされるようなことがあったら、その時は大学院のクレーム受付部署に書面などで質問することもできるだろう。

### 七七歳で博士に！　人生一〇〇年の壮絶な実例

筆者は三九歳直前に博士になったので、当時の国際政治分野の基準では平均か、ちょっと早いほうだったろう。しかし「中級編」をしめくくるにあたり、定年前後の読者向けの本書で特にお手本にしたい優秀な例として、男女一人ずつ特筆したい（なお、お二人以外の実例を続く「上級編」の8章で多数紹介する）。

まずは、吉岡憲章氏。もともと理系で、早稲田大理工学部を卒業後、日本ビクター㈱に入社。三〇歳代で経営コンサルタントとして独立。破綻した、あるいは破綻しそうな多くの中小企業の再建ビジネスを手がけつつも、七冊もの本を出す。ところが、五〇歳代にステージ四の前立腺ガンの摘出手術を受け、その後リハビリで回復し、寛解《かんかい》。

さらに、定年前後にもっと能動的知的生活を送りたいと思いたち、なんと七〇歳にして多摩大大学院経営情報学研究科修士課程に入学、その後博士課程に進学し、一九年度に七七歳で博士号（経営情報学）を取得したという、超人的な方である。

紆余曲折《うよきょくせつ》を経て、実務家としての実践を学術的に体系化することに成功したその論文の要旨を拝読すると非常にユニークで面白そうである。当該タイトルは、「経営介入指導による経営者危機意識強化と収益性改善に関する研究」[72]。詳しくは氏の著作である『定年博士――生涯現役、挑戦をあきらめない生き方』（きずな出版、二〇二〇年）に譲るが、**筆者自身も勇気づけられる、すごい学習能力と粘り強さの持ち主である。**

### 五四歳で大学生、そして妖怪研究博士になった女性

名倉ミサ子氏も定年前後の知的生活を充実させた好例だ[73]。高校の時は病気により大学進学を諦め、保育所や家具工房に勤務。しかし勉強への憧れは断ち難く、五四歳で愛知県立大文学部に社会人入試で合格した。在学中に百鬼夜行《ひゃっきやこう》の絵巻に魅せられてから、専門的に妖怪を研究することを決めた。

その結果、〇九年には、愛知県立大大学院にも進学。百鬼夜行の絵巻製作者の意図を分析する研究を開始したが、先行研究も少なく、なかなか進まない時もあったとのこと。一六年

に、ブラジルの大学での研究発表がかなり評判になり、知的刺激も受けた。

一七年には博士課程を単位取得満期退学になったが、家族が寝た後などの時間を利用して研究を継続。そしてとうとう二〇年九月に、これまでの百鬼夜行絵巻における妖怪の研究をまとめて、愛知県立大から博士号（日本文化）を取得した。**足かけ一九年という長期の努力が実ったわけである。七三歳で博士になった名倉氏は、まだまだ書き残したい構想があるようで、今後の研究深化にも衰えぬ情熱を燃やし続けている。**

ここでご紹介した吉岡氏と名倉氏という好例にも見られるように、やる気を出して地道な努力をし、それなりの資源をかけるならば、博士号は取得できる。あるいはお二人の域まで達しなくても、能動的知的生活を定年前後に送ることは、誰にでも十分可能だということが読者諸氏にもよく伝わるのではないだろうか。

上級編

# 学びのマネタイズ法

# 6章 講師業で稼ぐには？——あなたも非常勤やカルチャーセンターの講師になれる

## 大学非常勤講師などになる方法

一定の資産や収入などがあり、がむしゃらに働く必要はないけれど、勉強したいとか学生に教えたいという読者諸氏にとっては、大学ほど良い場所はない。1章のA博士のように、「能動的知的生活」を送れる環境だからだ。

ただし次章で詳述するが、専任の大学教員枠は、「看護分野」などを除いて需給バランスが崩れ、かなり狭き門になっている。最近の例でも、某私立大で「美術史」の教員一名の公募枠に約五〇人の応募があり、ほぼ全員博士号保有者だったとのこと。それも美術分野の本場であるフランスやイタリアなど海外からも一〇人前後の応募があったので、きわめて高いハードルだといえよう。[74]

だが、無給（あるいは格安）の大学客員教授、特任教授、特別招聘教授、研究員、非常勤講師などは、比較的簡単になれる。[75]

どうやったら大学などの非常勤講師になれるだろうか？　**公募からめざすなら、（国研）科学技術振興機構による「ジェイレックインポータル（JREC-IN Portal）」で検索して、探すことができる。**ただし、専任教員に比べて、非常勤講師などは圧倒的にツテやコネで決まることが多い。公募されていない際には、自分にとって学術的興味があるさまざまな学会に入り、そこで知己《ちき》を得て、非常勤講師のクチがないかなどお願いしてみるのがよいだろう。あるいは、母校の同窓会などで出席している専任教員と知り合い、頼んでみる手もある。

本章ではそういった実践的なノウハウをお伝えしていくが、まずその前にそもそも非常勤講師とは大学の中でどんな存在なのか、解説することから始めたい。「高学歴ワーキングプア」という言葉が象徴するように、博士課程を出て大学教員をめざす二〇〜三〇代にとっての非常勤講師業は厳しい待遇である。そういった事情を知っておくことが、実際に講師として勤める際に役立つだろうと思うからである。

## 非常勤講師と専任教員の差

世間一般からあまり差がわからないと思うが、短大以上の大学には、専任教員（助教、講師、准教授、教授）と非常勤講師がいる。専任は任期制の場合もあるが、通常は定年までその大学で教えることができるテニュア（終身在職権）を持つ教員を指す。そうでない教員は実質的に本書では「非常勤講師」として取り扱うことにしよう。

非常勤講師の場合、問題となるのはその待遇なのは間違いない。一コマ九〇分か一〇〇分の授業を大学で担当しても、**月に大体三万円前後の税込み収入**しかないからだ。

非常勤講師が専任教員との待遇格差是正を求めた「中央学院事件」という判例がある。[76] 原告の非常勤講師は、年に二二八万円ほどの年収で、ボーナスや家族手当・住宅手当などがなかったのに対して、一見、同じような仕事をしていた専任教員はボーナスなど込みで約一〇〇〇万円の年収だったとのこと。ボーナスや家族手当などの格差是正を、原告側非常勤講師は求めていた。この東京地裁判決では、専任教員は教育・研究に加え、校務として入試や学生の課外活動指導などもあり、業務の内容が異なるとして、原告の訴えを棄却した。

つまり、**正確には同一労働同一賃金ではなく、専任教員のほうが非常勤講師よりもやるべきことがたくさんある**というのが、法的判断となっている。とは言っても、非常勤講師だけで食っていく、いわゆる「専業非常勤講師」が楽でないことは、三〇年以上前からいろいろと聞いている。

政治学だと特に思想史分野の専任枠はもともとあまりなかったが、七一〜七四年生まれの団塊ジュニア世代が大学にいた「大学生数のピーク」の九〇年代半ば頃までは、一般教養科目の授業がかろうじて残っていたことや国公立大学などの学生定員臨時増もあり、まだマシだった。それも指導教授のツテで専任職を得るには、妻子のいるビンボー男子院生が優先されたといった話もよく聞いた。

なお、専任非常勤講師だけでも食っていける分野があることにはある。たとえば、英仏独語などの語学教員なら、いくつかの大学を掛け持ちして、同一あるいは似た内容の科目を教えることができる。そのために極端な場合だと、週に二〇コマ程度を掛け持ちして非常勤講師を務め、年収が七〇〇万円を超えたとの話もある。最近ならＩＴ関係の基礎授業など、似た内容を繰り返せる分野もあるだろう。このようなケースでは、学期中は教育に専念し、週末に体力が残っている時や夏・年末年始・春の授業がない時期に研究活動をして、論文などを書き上げている方もおられよう。そのようにして、うまく専任のポストを得る場合もある。

一方で、開講科目に恵まれない分野はかなり厳しい。たとえば、「古代ギリシア語」や

「ラテン語」の非常勤講師だと、そもそも学ぶ人数が少なくて、ごく一部の大学でしか専門職がないことも想像できる。[77]

この文系専業非常勤講師問題については、社会や学界全体の課題であり、快刀乱麻《かいとうらんま》的な一挙解決が難しい。

**経済的理由で、食べていけないなら、年齢を三五歳とか五〇歳などで区切って、専任教員以外の道を模索することも視野に入れるべきだろう。**何らかの形でもいいから教えることが好きなのか、事務的な仕事もやってみると結構こなせるのか、ＩＴ関係ならそれほど苦労しないのか、営業タイプなのかなど、自分の適性と市場を見つめ、食うためにがむしゃらになる時期が人生あってもいいなあと感じる。

## それでも見える一筋の光？

定年前の読者諸氏でお悩みの方に対してアドバイスしたいのは、5章で触れた中野雅至氏のように、一〇〇回以上の大学公募にめげずに応募し続けること（専門外の分野を除く）、コネ、ツテ、ネットワークを拡げ、教員採用情報を掴むアンテナを張り巡らすこと、そして昨今では面接や模範授業の準備をすることである。

**定年が六五歳まで延長される現在においては、就職や再就職が二〇歳代前半だけではなくなっていく。これは本書で説く、人生一〇〇年時代で勉強したい読者諸氏にとっては間違いなく追い風となる。**

**必然的に、就職における年齢制限のようなモノも今後廃れていくだろう。**たとえば、最近なら、有力私学の「正規職員」に三三歳で就いたという話もある（定年は六五歳）。文系ならば、大学職員をしながら博士号を取得する、あるいは専門分野の研究を週末や休日に継続することもできよう（実際、国際交流関連の大学職員業務をしながら博士課程に通い、見事に三年で博士号を取得した実例も知っている）。

ここで大学の外から非常勤講師となった秀逸な例として、キャリア・起業コンサルタントの上田信一郎氏を挙げたい。[78] まず、上田氏は知己の誘いで某大学の経営系学部において、ビジネスとキャリア関連の非常勤授業を担当。大学の生涯学習センター（社会人や現役学生向けのカルチャーセンター）ならキャリアコンサルタントとしての経歴が活きると考え、電話で営業攻勢。一〇件かけて反応のあった大学に、自分のプロフィールや講座の内容などを送り、結果、二件から非常勤講師のオファーがあったとのこと。

上田氏はまた、自分の出身大学との関係や、宗教系大学ならクリスチャンとか仏教徒など教会・寺社関係のコネが大事だと述べている。さらには、リメディアル教育（高校レベルの学習のやり直し）、ボランティアやNPO関係、そしてキャリアサポート関係などが、**社会人非常勤講師になるのに門戸が広い**としている。語学関係を含めて、各学部の教務課に問い合わせるなど積極的な姿勢が大事なのは、言うまでもない。

次の例は、筆者の友人ET氏である。大阪外大（現・大阪大外国語学部）仏語学科の修士課程まで進み、公務員のご主人とご結婚。主婦となってから、ある学会の事務局でバイトをしつつ、その学会の会員にもなり、私立大の非常勤講師を務めるようになった。その後、別の私立大大学院博士課程で学びつつ、マイペースで独自の研究をしている。専門は北米のとある州の文化・社会論で、当地への短期留学もあり、その地の特産品や料理についての論文や共著本を出して、熱心な執筆活動にも従事している。

このように、研究あるいは勉強したいので、専業主婦（夫）になって時間がある時に継続するというケースも男女問わずあるだろう。在野でも研究を継続することは可能だし、在野でしかできない、タブーのない研究というものもあるかと感じる。**日本人の平均年齢が四八歳を超えた今、「四〇歳代の若手」ならば、夢を追うこともまだまだ可能かもしれない。**反対に、定年後の六〇歳代になり、年金を安定して受け取る見込みになったら、今度は自分の本当にやりたかった分野の知的生活に挑戦することもできる。

## 肩書問題を超えて

**一方で、日本は依然として「肩書社会」であり、退職したら「何者でもなくなる」事例は山積。**元経産省キャリアの宇佐美典也《うさみのりや》氏の『肩書捨てたら地獄だった』(中公新書ラクレ、二〇一四年)という経験談に、首肯《しゅこう》できる読者諸氏も多かろう。

**定年前後世代になると、誰もが否応なくこの「肩書問題」にぶつかる。**その時は、本書「まえがき」に登場するA博士のような、給料は安いけれど愉しい非常勤講師生活も一案として考えてほしい。

繰り返すが、年齢制限もあるために、フルに年収が出るような専任教員はなかなかなるのが困難。[79]ところが、一コマ当たり月収三万円前後の非常勤講師となると、(年齢制限はやはりあるものの、よりユルイ場合が多い)実質かなり簡単になれる。

非常勤講師は公募ではなく、圧倒的にコネやツテでの採用が主なので、学会とか研究会、ビジネス研修会、飲み会、大学の同窓会など、ありとあらゆる機会を使って、出会った大学教員にお願いしてみるとチャンスが生まれる。

採用側の大学としても、専任の同僚として迎え入れるのは諸般の事情で難しいものの、非常勤講師としてならぜひ！　という例は多々見聞してきた。非常勤講師業だけで食っていく「専業非常勤講師」の大変さは前述したが、「生産財」ではなく「消費財」として博士号をとらえ、**収入の補完として非常勤講師生活が送れるのならば、A博士のようにエンジョイできるかもしれない。なおかつ、学生などに自分の知識を教えるという行為は、能動的知的生活の実践そのものである。**

## 町内会を活用する

町内会もフルに利用してみよう。会社などの勤務先以外の場所で、まぎれもなく、今後さらに重要になってくる居場所だ。町内会自体への参加は法的に義務的なモノではないものの、地域への所属意識を高めたい定年前後組にとっては、良い居場所になりうる。そのために、回覧板などを回す当番とか、地域関係の業務が来たら、できる範囲で対応していくとよいだろう。

時間的に余裕がありそうな町内会メンバーを集めて、２章で提唱しているようなビブリオバトルを実行してみてもよいし、あるいは興味があうようなら、「自主セミナー」的に勉強会や読書会をやってみても面白いだろう。カルチャーセンターなどの講師になりたいのであれば、町内会会合の余談として、どんなことに興味があるか探ってみてもよい。趣味の同好の士を町内会にて拡げることもできる。さらに、筆者が徳島大時代のカルチャーセンター講師として経験したように、ただ単なる地域情報の交換だけでも知的刺激を得られるだろう。ともかく、使えるものはすべて使って自分の脳を働かせないと、機能は衰える一方である。

## カルチャーセンターなどで教える

カルチャーセンター（商工会議所など含む）などの講師になるのも、面白いだろう。**カルチャーセンターなら、まず自分の所在地でどのような講座が開催されているかウェブで調べ、自分が講師になれるか問い合わせてみるのがよい。**[80]カルチャーセンターによっては、新規の受講生を集められそうな講座を探している所もある。自分の趣味、特技、専門を活かして売り込みをかけ、新規クラスやあるいは既存のクラスの講師になるようトライしていくのだ。

表6では、カルチャーセンター講座の主要例を出してみた。こう見ると、かなり趣味的な分野をわかりやすく教えることができると、カルチャーセンター講師になれそうなことがわかるだろう。この表には掲載されていないが、たとえば、読ませる文章にする講座とかアロマ

## 表6　カルチャーセンター講座の例

| | | | | |
|---|---|---|---|---|
| 話すための仏語 | アカペラ入門 | 油絵・水彩 | ミシンでお出かけバッグ | 健康太極拳 |
| スペイン語入門 | スペイン語経験者用 | セルフマッサージ＆ヨガ | 篠笛講座初級 | 篠笛講座中級 |
| 初歩の油絵 | 絵手紙 | カラーコーディネート | 日本画 | ボールペンと筆ペン |
| 木彫り入門 | パラグアイのニャンドゥティレース | ナイトヨガ | ピラティス | 英語で読むシャーロック・ホームズ |
| ガラスや白い器に描く花々 | 女性のための健康ヨガ | ソフト粘土で花や人形造り | かなと実用書道 | ネイルアート |
| スポーツボイストレーニング | アロマシェイプアップヨガ | 西洋書道カリグラフィー | 俳句入門 | 花アレンジメント |
| 和紙ちぎり絵 | パンダリングローズ | カラオケ教室 | シャドーボックス | チアダンス |
| 切らずに仕立てる作り帯 | シニアのためのプログラミング | カラーセラピー | 編むカラフル布ぞうり | ジャイアントフラワー |
| テラリウム・苔玉 | 表情筋トレーニング | 写経講座 | パーソナルカラーレッスン | アンティーククリスマス |

出所：『リビング阪神』（2020年10月23日号）

テラピーなどのスキルがあるのならば、自分で営業をかけて、講師になることも十分可能だ。

### 商工会や商工会議所にもチャンスが

カルチャーセンターに似たような社会人対象の学びの場として、各地の商工会や商工会議所開催の講演会やセミナーなどもある。[81] 延べにして一万五〇〇〇人の講師を毎年雇用しているというので、なかなかの盛会。興味を引くタイトルで、初心者でも参加可能なら、セミナー開講も可能になるようだ。このような商工会や商工会議所、その他のセミナーではまた、**専門のセミナー（紹介）エージェントもある。**日経コンサルタント、システムブレーン、ペルソン、ブレーンなどが有名なようだが、エージェントとしてセミナー講師を公募したり、講師オーディションをしている所もあるので、ウェブで調べれば登録ないしは応募ができるだろう。

表7に商工会や商工会議所の講演やセミナーで実際開催されたテーマをピックアップした。カルチャーセンターと比べて趣味的要素が薄く、経済・経営に関するテーマが主題となる。表にはないが、筆者の専門でもある国際政治を理解するとか時事ネタをわかりやすく説明するのも、それなりの需要があるだろう。あるいは、ビジネス・ライティング関連で、文章作

## 表7　商工会議所などのセミナーテーマ例

| 販促 | 集客 | 事業継承 | 経営革新 |
|---|---|---|---|
| 補助金 | AI | クレーム対応 | IT 活用 |
| 営業 | 高齢者活用 | 社員教育・人材育成 | 人材採用 |
| 時流に乗る（軽減税率・マイナンバー等） | 新規事業開発 | 財務分析 | 飲食店向け |
| 接客術・接遇 | 顧客満足 | 人事評価 | チラシ作り |
| マーケティング | チームビルディング | インターネット活用 | リピーター作り |
| おもてなし | ファシリテーション | 話し方 | 事業計画 |
| 資金調達 | 資金繰り改善 | 地域（地方）創生 | 地域資源活用 |
| 商品開発 | 経営戦略 | 女性活用 | コストダウン・経費削減 |
| コーチング | モチベーション | 業務改善 | ビジネスマナー |
| インバウンド | ビジネス文書 | POP | プレスリリース |
| ラッピング | 名刺の作り方 | 風水 | 農商工連携 |
| 海外進出 | IoT | メンタルヘルス | 助成金 |
| 就業規則 | 労務管理 | 法改正 | 債権回収 |
| 人事制度構築 | 会計入門 | 決算書の見かた | 税制改正 |
| 税務調査対策 | 相続 | 時間管理術 | 未払い残業代対策 |
| 日本経済のゆくえ | 資産運用 | 経営理念 | リーダーシップ |

出所：東川仁『最新版 90日で商工会議所からよばれる講師になる方法』（同文舘出版、2018年）148頁を改編。

成・編集作業・企画書や長い報告書の作成などが、ビジネスパーソンの役に立つ。

この表7を見ると、まさに文系の新卒就活時に、「IT、会計、英語」が現代の「読み・書き・ソロバン」に対応しているのがわかる。このうち英語以外（ただし、海外進出には必要となる）の需要のある分野も一望できる。私企業の目的自体が利潤を出すことにあるために、机上の空論的な抽象論ではなく、**きわめて実践的・実用的なテーマが望まれているのが実態のようだ。**

## 定年前のキャリアを活かす

カルチャーセンターや商工会議所の講座例をご覧になって、「自分ならこうしたテーマで講師を務められそうだ」などとイメージが湧いただろうか。

依然として、「自分には何ができるかわからない」「定年後に何をすればいいのか」……と悩める読者諸氏に向けて、若干のアドバイスをしておきたい。

まずは、筆者の面識のあるHK氏の実例をご紹介しよう。公立小学校教師を定年で退職してから一〇年以上、地区公民館館長などとして仕事を継続。事務的な仕事や訪問者への対応などをこなした。また、美術の非常勤講師として夜間高校で教えた。これも、教員時代のツテがあり、なおかつ人懐こく温厚な性格だったのが評価されたのであろう。正規の教員時代よりも年収はかなり減ったが、公民館に遊びに来る児童や夜間高校生らに教えることは自分自身の勉強にもなり、認知症予防の効果もあったとのこと。八〇歳代半ばを超えて、さらに勉強する姿勢を示している。このように、定年前の自分のキャリアを活かした仕事もまだまだ考えられる。

また、文章執筆と編集が業務だったり、ウェブなどのライターならば、日本語力はきわめて高いだろう。そのような読者諸氏なら、日本語教育法を大学院修士課程やあるいは独学で学び、海外からの定住者が多い地域で、**日本語教師をするとよいかもしれない**（大学の日本語教員含めて日本語教師になるには、英語力は必須ではなく、日本語でどうやってうまく日本語能力をつけさせることができるかに左右される）。

在留外国人数が二八八万人となった現在、そしてコロナ禍後の二五年の大阪万博開催やIR（総合型リゾート）の設置などを勘案すると、海外からの観光客も趨勢《すうせい》としてはいずれ戻ってこよう。日本語教育の需要はまだまだ衰えない。このように、定年前後でも可能な職種や技能範囲は、今後確実に増えていく。

## ラジオコメンテーターの経験

筆者は、専門の国際問題に関するラジオのコメンテーターを二五年以上継続している。博士号を取る前からの話である。地元の関西ではなく、出身地の長野市の信越放送（SBC）ラジオで月に一回一〇分程度、原則電話による出演だ。これも面白いご縁があったので、ここで紹介してみたい。

当時、長野県佐久市にある信州短大で英語や国際政治を教えていた筆者は、ある地域研究学会で長野県短大（現・長野県立大）の教授と知り合いになり、その短大で政治学の非常勤講師（政治学）にならないかと誘われた。佐久市の自宅から（当時）車なら片道二時間以上、電車でも片道で二時間半くらいかかったが、週に一回教えに行った。

給与は、当時は県の農業大学校などと同じレベルで、月収三万円よりもはるかに安く、準備や関連の参考文献購入費などを考えると完全な赤字。しかし、三〇歳代前半で、筆者もフットワークが軽かった。**偏差値が本務校よりも高い他**（短）**大の「政治学」科目を担当することは教歴にとってプラスになると思ったし、いろいろなコネもできると踏んだ**（実際、勤務短大から国立の徳島大に公募で移籍する時には、「政治学」を担当した経歴も、有利に働いたようだ）。

県立短大で教え始めてから、そこの専任教員の方々とも知己を得ることができた。その中にいた、新聞記者出身で国際政治などを教えていた教授が、ＳＢＣのラジオ番組でコメンテーターをしており、後任にどうかという話を持ってきてくれたのであった。

当時の番組ディレクター氏と顔合わせして話も弾み、採用に至った。その後ＮＺやカナダに一年ずつ住んだ時は、現地レポート風に国際電話でコメンテーターを継続し、かれこれ二五年以上になる。毎回、番組ディレクターとテーマの選定などいろいろと打ち合わせている。今も実弟夫婦や親戚が多くいる信州の生きた情報も得ることができて、非常に有益である。

コメンテーター業は、**専門性という面からも、時事的な国際事情を勉強する機会となっている。**これまでに取り上げたテーマは、きわめて多岐にわたる。たとえば、ＷＨＯとは何か、米大統領選挙の結果、ノーベル平和賞、香港の民主化運動、ＥＵと日本、日本のアニメの世界普及、オリンピックの政治などなど。ディレクターもアナウンサーもさすがにプロの方で、しゃべりやすく、話題をうまく引き出してくれ、自分でも大いに知的刺激を受けている。時にはそれがこのように拙稿のネタにもなってくれて、まさにウィンウィンの関係である。

若干特殊な例かもしれないが、ラジオならば、リスナーとしてまずは参加。いくつかの番組のリスナー投稿用コーナーに投稿を繰り返し、ディレクターやアナウンサーと知り合うなどの方法や、あるいはいろいろなレポーターを公募することもある。なにか参加できそうなケースには積極的に動き、チャンスを摑んでいくのがよいだろう。

### コンプラは大事

実務経験者が非常勤講師を担当する時、現役大学教授としてあえて指摘したいことが二つある。まず、**昔取った杵柄話はホドホドに**ということだ。昨今の学生は、デジタル・ネイティブであり、ウェブを使いこなし、すごい勢いの情報の渦に巻き込まれている。

**学生には「面白い」とか「具体的に儲かる」という話は、それなりにウケる**。しかし、大学生気質＝自分が大事で傷つきやすいことからして、「最近の若者は〜」とか「私が経験した苦労話としては〜」といった上から目線の話はタブー。情報ができるだけ陳腐化しないような話（普遍性のあるもの）に内容を持っていくか、トホホの話とか失敗談のほうが、余談としても反応はよいだろう。

さらに、**大学業界やカルチャーセンターは「進歩的」なので、コンプラ（法令順守）関係は、一般企業よりもより一層厳しくなっている**。性的少数派であるＬＧＢＴＱ関係への共感と配慮は当然であるし、ジェンダーを含むありとあらゆる差別的言動には罰則もある。ハラスメント取り締まりも強化されている。筆者はこの職業に従事して以来ずっとコンパなどの場でも、性別問わず学生の五〇センチ以内には近づかないようにできる限りの努力をしている。コロナ禍で普及した「社会的距離」ではないが。

そのうえで、最近は学生のみならず教職員などの大学関係者に対しても、怒りを表してはいけない、いわゆる**アンガー・マネジメント**も提唱されている（キレそうになったら、三秒かけてゆっくり息を吸い、止め、同じく三秒かけて吐くという「六秒深呼吸」で待つとか……）[82]。

ともかく誤解を招きかねない言動を、キャンパス内外で慎んだほうがよいのは言うまでもない。

# 7章 セカンドキャリアとしての大学教員
## ——再就職市場の傾向と対策

### 経営的に安定している大学もある

大学の正規教員への再就職を希望する読者諸氏の中には、少子化の中で、そもそも大学の経営は大丈夫なのか？　教員を雇用し続ける体力はあるのか？　と心配に思う方もおられよう。

「斜陽」ととらえられる大学業界ではあるが、実は、予測よりも倒産する短大や大学の数は少ない。**これは、会計的に見ると、大学業界は実質プリペイド（前払い）となっているからだろう。**つまり、受験料をもらってから選抜し、入学金をもらってから入学させ、授業料をもらってから授業を提供する。メーカーのように、納期を守り、納品して、ようやく半年後に決済という流れとは、まったく異なるのである。学生が集まる限りにおいては、経営母体はそれなりにやっていけるのが大学だ。その意味では、今経営的に盤石な大学は、今後一〇年のタイムスパンで見る限りはまず安泰だろう。

## 現在の専任大学教員市場

まず、現在の専任職に就いている大学教員市場の動向を把握しておこう。

二〇年五月一日現在のデータだが、助教以上の短大や大学専任教員が国内でおよそ一九万人いるようだ[83]。これは、一〇年間で一万人ちょっとほどしか増えていないということである。一時期のロースクール（法科大学院）増設で、実定法専任教員需要がバブル的に増加したような感じで、今後短大や大学の専任教員数が激増する趨勢はない。やはり超少子高齢化の波を受けての大学業界「氷河期」事情は、こんなデータからも見て取れるだろう。

筆者の推察では、財政基盤がしっかりしていて、なおかつ学生が集まる私学は、定年退職などで空いたポスト補充をまがりなりにも実行している。一方、国立大は独立行政法人化以降、毎年予算（運営交付金）が平均一％以上削減されてきたことのダメージもあるのか教員採用が抑制されている。あるいは、公立大でも予算削減やら大学合併などで、余剰と思われる教員をカットした話を見聞きする。その結果、国立大の中には、六五歳前後の定年により、ポストや担当科目が空いても補充しない、あるいは非常勤講師によってしのいでいるところもあるようだ。

実際の国内新規教員採用数はどうだろうか？『大学ランキング ２０２１』によると、一九年度の主要大学での専任教授・准教授「新規採用数」は、合計で一六六〇人となっている。助教や専任講師の人数は不明だが、全部合計してもこの数字の倍に満たないと推測できる。**せいぜい数千人の専任ポストの争奪**という意味では、大学専任教員への就職はかなり狭き門である。今後のより一層の少子化の影響で、短大・大学進学率が現在の五八％くらいから六〇％以上、あるいは七〇％以上に上がったとしても、ポストは急増しないと危惧する。

そうは言っても、日本の大学は定年制を廃止していないだけ、まだまだ新規参入者にとって有利である。アメリカ・カナダの大学専任教員市場では定年がなくなり、ご本人が望むならば七五歳あるいは八〇歳を超えて（！）教え続けることも可能だ。にもかかわらず、毎年、博士（Ph.D）になる数は増加して累積する一方なので、上が詰まり、なかなかテニュア（終身在職権）を取得できないようだ。

北米の話になるが、重要な必修科目の授業でも、格安な非常勤講師に任せるケースをよく聞く。また、これまで大きなショックを受けてこなかった北米の大学業界だが、さすがにコロナ禍は痛手のようで、知名度の低い州立大学などは新規教員採用を取りやめたり、年収を引き下げたりといった苦肉の策を講じ始めた。さらに、予算削減などによって学科や学部をまるまる潰すことも日本と違って平気なので、そのあおりで馘首《かくしゅ》されることもある。昔から有名な話では、八〇年代前半に、州立大の名門・ミシガン大の地理学部（Department of Geography, University of Michigan）が潰されたことがある。[84]

## 就職先としてのこれから有望な分野

話を日本の大学に戻そう。専任教授になるためには、「公募」と「一本釣り」に分けられると拙著『大学教員 採用・人事のカラクリ』（中公新書ラクレ、二〇一一年）で述べたが、この状況は今後も変化がないだろう。その際、**業界の動向としては、実務経験、英語授業、社会福祉、看護、環境、医薬がキーワード**になるが、前述したように、博士号を持っていて不利になる例は稀有だろう。むしろ博士と博士の戦いで、列記したキーワードのようなプラスアルファを持っていて、何らかの技能がある逸材が選ばれる傾向にある。また、コロナ禍のような感染症不安がおさまれば、インバウンドが環境の良い日本に戻ってくる見込みがあり、その意味では、**国際化や日本語教育**の需要は高まる、と筆者は見ている。

いずれにせよ、**やはりいろいろな学会に入り、学会の懇親会（飲み会）でも名を売って、できるだけコネというか、ネットワークを作っておく**のは悪いことではない。前章でも書いたが、学会、研究会、講演会、カルチャーセンターなどで、自分の関心のある大学専任教員が担当している講座に出て、名刺交換するといった地道な努力をしたほうがよい。

繰り返すが、**より気軽に誰でも出席し、歓迎されるのは、同窓会である。**高校でも大学でもよいから、同窓会で昔話を語るだけでなく、自分がアカポスに関心のあることに言及しつつ、出席している教職員にお願いしてみるとよいだろう。特に昨今の大学は同窓会（OBやOG）と現在の大学教職員とのつながりを強化したくてウズウズしている。自分の出身大学の教授なら親しみを感じるし、向こうも卒業生とわかれば、無下《むげ》に扱うことはなかろう。

公募については、今や前述した**ウェブ**の**「ジェイレックインポータル」でキーワード検索すると、たくさんの情報を入手できる。**ただし、公募は手当たり次第アタックすればよいというわけでもない。いくらダメ元とはいえ、完全に分野違いだと、門前払いされる（書類選考で落とされる）可能性が高い。あくまでも自分の専門分野（あるいは隣接分野）に限定するのがよい。[85]

情報公開が大学の基本なので、応募先の教員メンバーの情報も、ウェブで簡単に入手可能。**どの先生が人事委員会の主査や副査になるのかを予測して、自分と合致するかどうかなどを見極めるのも有効だ。**どう見ても自分の学問アプローチと異なるような大学の場合、応募してもアカポスゲットはきわめて難しいだろう。

**理系なら文転もあるし、有利だ**

本書の事例の主流が文系領域となっており、また次章でご紹介する定年前後に再就職した成功例もほとんどが文系教員であるため、ここで理系の趨勢を補足しておこう。まずは、**人工知能（ＡＩ）系列が、ともかく需要の大きさの割に供給が足りないようだ。**二〇二一年二月二七日現在、「ジェイレックインポータル」で「ＡＩ」とキーワード検索すると、（非常勤や正確には別分野も含めて）二三七七件がヒットする。同じく「国際関係」で検索しても一一件しかないことからも、いかにＡＩ関係の人手が足りていないかがわかろう。

さらに、理系の場合、分野が違っても大学教授になれることも特筆しておこう。５章でご紹介した、パナソニック勤務後、消費者関係の授業を教えつつ、コガネムシ研究大家になった益本仁雄氏を覚えておられるだろうか？　益本氏は専門分野である昆虫学に加えて、別の生活情報学分野で大妻女子大教授として採用された例だ。なぜ採用されたかというと、博士レベルの能力があれば、異分野でも学部授業をこなせる、応用力があると見なされたからだろう（なお、益本氏は五〇歳で大妻女子大に移籍後、五二歳で昆虫学の業績をまとめて、九州大から農学の論文博士号を得ている）。**ビジネス経験と自分の理系趣味をうまく合致させた「成功例」だろう。**純粋な理系、それも実験系だとしても隣接分野に関する業績がある、あるいは教育ができるのならば、いろいろな面で文転しても有利になるだろう。

そのうえ、現在の大学における理系関連校務の多さも追い風となる。学内ネットワークをどうするか？　教職員や学生が使用しているメールの容量を5GBから上げるべきか？　学内パソコンなどのリプレースはどうしたらよいか？　ハッキング対策は何がベストか？　などなど、**理系だからこそ最新情報を熟知して、職員とともに的確な判断をロジカルに下せる校務も多々ある。**

**海外を視野に入れると働くチャンスは増える！**

理系なら研究室（ラボ）単位で実施しているだろうが、国内市場だけに目を向けても人口減少傾向が続くのみの下り坂だ。できるならば、海外で働くことも視野に入れるとよいだろう。3章で説明したように、たとえば、日本人の国連などの国際公務員は絶対数も比率も極度に足りない。とりわけ若手にとっては、国際公務員になるとか海外で働くスタイルは、日本の縮小する市場（レッドオーシャン）に比べると、**はるかにブルーオーシャンとなっている。**

一六年の時点でアメリカに長期滞在中の「留学生、研究者、教師とその同居家族」は七万四〇〇〇人いるし、同じカテゴリーの中国長期滞在組は八八〇〇〇人いる。だいたい米中だけでも少なくとも約一万人ほどの日本人研究者が活動中だと予測される。

さらに、ハーバード大医学系研究所研究員の嶋田健一氏によると、博士号保有者は「問題解決のエキスパート」とされ、コンサルティング企業などに雇用される人も多いとのこと。また、「同じ研究をしてもアメリカのほうが国際的発信力が大きく、キャリアのつぶしが利く」ので、博士号（Ph.D）の評価が高いようだ。[86]

話は理系のみならず。たとえば、開発経済学で博士号を取得してから国連（関係機関）の途上国援助関係の仕事に就くとか、その後にＪＩＣＡ（国際協力機構）に転職するとか、いろいろな道も可能になるだろう。

実際、専門は体育教育学で空手有段者という文武両道の逸材が、ＪＩＣＡに入って中南米に一〇年以上滞在。その間、母校の国立大から教育社会学分野で博士号を取得し、公募で某私学の国際教育関連教授に転じた例もある。この方の場合は、スペイン語と英語が堪能で、豊富な海外実務経験と博士号や論文数が決め手になったようだ。非常に優秀な方である。

このように、**英語を中心とする語学能力も、プロフェッショナルな業務では、まだまだ需要はある。**日本ではイマイチでも、海外で生き生きと活動する日本人の例も筆者は多々見てきた。異文化経験を愉しむことができて、楽観的、積極的にドンドン自分を売り込めるタイプの読者諸氏など、アウトバウンドを考えてみるのも一つの手だろう。

## 「英語で三単現のsを知らない大学生」を指導できるか

本章の最後に理系出身者や文系トップ層ほど陥りやすい落とし穴についても指摘したい。それは、**受講生のレベルが必ずしも高くない大学での授業だろう。**授業崩壊に近い形になっているFランク大学の話もよく聞く。

そういった状況に直面すると、理系でも文系でも学部・院ともにトップレベルで終えた層は、**自分が賢すぎて、学生がなぜできないのかがわからないケースが多い。**

これはステップアップ式に学ばないとダメな科目、たとえば英語などの語学を教える場合に顕著である。「三人称単数現在（三単現）主語の一般動詞にs、esをつける」をはじめとして英文法がわからない受講生は、無論、仮定法などより複雑な文法はもはやチンプンカンプン！

　筆者の見聞したある短大のエピソードでは、某女子学生が「英語は最初の文字を見た時に思わず、気持ち悪いって思っちゃって、それからアルファベットを見るのもイヤなんです！」と述べたそうである。そのような学生にも、abcからわかる感じで、英語授業を担当しなくてはならないのが大学教員だ。

　2章の冒頭で紹介した区分に従えば、「天才」レベルが「鈍才」レベルを対象に授業をすることの困難さも理解できよう。しかし、**ともかく学生のレベルに合わせた授業をすることが、昨今の大学業界では最優先されている。**いわゆるFランク大は無論のこと、それ以上の大学でも現在は、できるだけわかりやすい授業が求められている。5章でご紹介した『文学部唯野教授』の時代は、すでに遠い過去の話だ。

　むしろ、自分が高校や大学時代にあまり学習意欲がなかった、いわゆるFランク大出身者のほうが、授業教授面で有利かもしれない。教員が自分の経験に照らして**どこがわからないか、なぜわからないかがわかるからだ。**「鈍才」向けに、かみくだいて、具体的で、なおかつオーディオビジュアル的にもアピールできるような創意工夫ができるだろう。

ここで急いで補いたいのだが、**キチンとした能動的知的生活を送ると、鈍才でも博士号を取得できるし、大学教員になることも夢ではなくなるのだ。**読者諸氏は「天才」「秀才」「凡才」「鈍才」のうちいずれにご自身は当てはまるとお考えだろうか？　たとえ自己評価が低く、ご自身のことを「鈍才」だと感じている方がおられたとしても、ここまで伝授してきた勉強法をぜひ実践してみてほしい。そして、いよいよ最終章となる次章で再就職活動や能動的知的生活の成功例を多々紹介するので、充実したセカンドキャリアのための参考にしていただきたい。

# 8章 【実例集】大学教員職等に就いた二〇人に学ぶ

6章と7章で大学教員市場の傾向と対策を大づかみにお伝えした。この章では事例を通して、定年前後に大学教員に就職するためのノウハウや、博士号取得方法を具体的に見ていこう。ここで例示する二〇人の諸氏は、誰もが能動的知的生活を送っているのは言うまでもない。

成功した諸氏に共通しているのは、自分の専門分野を探究することが好きで、本書の説く「能動的知的生活」を独学でも大学（院）という場所でも、ずっと続けてきているということだ。主体的・積極的に動き、いろいろなチャンスを逃していないことも共通している。

## 企業勤務経験から趣味、資格の活用まで

**実例① 五四歳で課程博士**

中橋文夫氏の場合は、**ご自身の経歴を徹底的に活かしきり、なおかつ貪欲に社会人修士課程と博士課程で学んだことが**、公立大教授職の獲得につながった例だ。大阪工業大短期大学部から大分工業大で学士。環境設計関係の仕事や造園のコンサルタント業に携わりつつ、まずは同志社大大学院修士課程に三八歳の時に入学、二年で修了後は、四九歳になってから関西学院大大学院の総合政策研究科修士・博士課程で学び直し、「公園緑地の積極的なマネジメントに関する研究」と銘打った論文を提出し、〇五年に五四歳で課程博士号を取得。真夜中に就寝、朝四時半には起きて早朝時に集中して執筆するスタイルをとった。指導教授の片《かた》寄俊秀《よせとしひで》氏から論文に徹底的に朱《あか》を入れてもらう個別指導を受けるなど、頑張ったとのこと。

業界の懇親会で公立鳥取環境大学が造園関係専任教授の公募を出すことを知り、〇八年に五八歳にて、専任教員のポストを手にした。

まさに本書が主張しているような、**自助努力の能動的知的生活を送った成功例だ**。中橋氏

は文武両道で、空手道論も専門として実践している。体力がある上に、ともかくどんな隙間時間でも、どこでも作業に取り組んだことが功を奏したのだろう。[87]

**実例②　山一證券を振り出しに大前研一氏の大学院で教鞭を執る**

山口智弘氏は法政大卒業後、二〇歳代で山一證券㈱に勤務するも、三年で同社が経営破綻という辛酸《しんさん》を舐めた。その後、大和証券㈱投資信託委託シニア・アナリストなどとして働きながら経済学の修士号を取得。最終的には一七年三月に「無形資産価値評価モデルの構築」と題する博士論文を東京工業大イノベーションマネジメント研究科に提出して、工学博士号（甲）を取得した。

ファンドの運用などの実務経験を持ち、金融工学が専門だ。まさに**実務経験と博士号が評価されたよう**で、大前研一氏設立のビジネス・ブレークスルー大学院大の専任助教に採用され、なおかつ官公庁にも勤務している。ファイナンスや研究開発マネジメントも研究テーマであり、数理モデルと大量のデータ処理などが必要となる理系分野にも強いとのこと。

社会情報大学院大でも学び、大学などの授業の細かなスキルや大学向け履歴書（教員調書）の書き方など多くを学んだようだ。その結果、**教員調書を「戦略的に書く」ことができ、**

抱負欄などでアピールできたことも採用につながったと感じているという。[88]

**実例③　イオンから神戸大院をへて母校教授**

バリバリのビジネスパーソンから大学教授への転職例では、平野光俊氏が面白い。早稲田大商学部からジャスコ（現・イオン）㈱に入社。九四年には社会人院生として神戸大大学院博士前期課程を終えて、修士号取得。その後博士後期課程まで進み、九八年には、「ミドル・キャリアの分化と統合――キャリア・ドメインの理論的実証的研究」とのタイトルで課程博士号を神戸大から取得。

その後ジャスコに戻り、本社の経営企画室次長や本社グループ戦略室次長などを務めつつ、〇二年には母校の神戸大大学院経営学研究科助教授に採用された。**査読付き論文などを積極的に発表するなど、研究業績が認められたことによる。**さらに、**「実務の知恵と学術の評価を等しく尊重する」**姿勢が買われたようだ。専門は人的資源管理論や経営組織論だが、多様な学会に積極的に参加してネットワークも拡げ、〇六年には教授に昇格した。その後、一九年には大阪商業大教授に移籍している。[89]

**実例④ 銀行員出身者で博士**

柿本尚志《かきもとたかし》氏のケースは銀行員から大学業界への参入である。[90] 同志社大商学部から㈱大和銀行（現・㈱りそな銀行）に入行し、宅地建物取引主任者《たくちたてものとりひき》（現・宅地建物取引士）や不動産コンサルティング技能登録者などの資格をも取得。主に不動産関連の業務に就いた後に、研究活動への強い思いから、九六年に四二歳で大阪府立大大学院経済学研究科博士前期課程に入学。入試では、「不動産市場の変容と銀行の不動産業務の展開」と題する論文を提出したほかに、一般書として書き下ろしていた『私見・不動産市場と銀行の役割』（出版文化社、一九九一年）と『ポストバブル　不動産不況からの離陸』（出版文化社、一九九二年）の二冊の単著も評価されて、面接試験に合格した。

土地経済学を学ぶことになり、英文読解や経済数学などの習得に苦労したようだが、修士論文は「借地借家法の経済分析」と題するテーマで執筆。博士後期課程の入試では発熱もあり、英語問題で苦労したが、どうにかクリア。〇一年三月には「不動産市場の経済分析」で博士（経済学）の学位を取得した。

いくつかの大学で非常勤講師を務めつつ、任期付きの同志社大専任講師に就任。ご家族の介護などもあり、その後は大阪学院大や大阪商業大などで非常勤講師を兼務し、企業の社外監査役なども歴任している。柿本氏の**勉強に対する真摯な姿勢と納得いくまで調べて自分の得意分野で勝負するというポリシーが、博士号取得につながったようだ。**

### 実例⑤　資格も趣味も活きる！

実例④と同様に、銀行員から大学教員になった例として、大内孝夫氏をご紹介したい。慶應大から㈱富士銀行（現・㈱みずほ銀行）に入行し、三〇年間勤務。証券部次長やいわき支店長などを経て、キャリア相談担当の「職員」として武蔵野音楽大に転職。**武蔵野音大では就職指導をしつつ、会計学の講師も兼任している。やはり日本証券アナリスト協会検定会員や宅地建物取引主任者などの資格と経歴がモノを言った**と思われる（大内氏はさらに趣味でピアノを弾かれるので、音大生とも相性がよいだろう。音大生が就活に強い理由をまとめた本も出版している）[91]。

### 実例⑥　ワーク・ライフ・バランスを維持

実例⑤で資格が役に立つ例を挙げたが、資格と言えば看護関係の国内需要は高まる一方であり、今後も大学専任教員市場は増えるようだ。「ジェイレックインポータル（J-RECIN

Portal)」で「看護学」を検索すると、短大・大学および非常勤講師も含む公募数が二七四件になる（二一年二月二八日現在）。筆者の専門の政治学だと二四件のみがヒット。単純計算で、看護学の需要が政治学の一一倍以上あることになる。

　長沼貴美氏はまさにその看護分野の事例である。かなり特殊な部分はあるものの、**非常にうまくワーク・ライフ・バランスを維持してきた。**[92]八四年に三年制の神奈川県立病院付属看護専門学校修了。その後神奈川県立衛生看護専門学校助産婦（現・師）学科も終えて、玉川大通信教育課程や放送大でも単位を取り、〇一年には大学評価・学位授与機構（当時）から学士（看護学）を取得した。この間、二人のお子さんを育てつつも、配偶者の赴任先である米国に二年間滞在していたが、能動的知的生活への熱意が断ち切れず、広島大大学院生物圏科学研究科で修士号（学術）を修め、そして博士課程にも進学。

　**国際学会での発表が必須だったことなど英語のハードルもあったが、翻訳専門業者も活用しつつ自力でこなし、〇六年には博士号（学術）を授与された。**博士論文のタイトルは「母親の育児ストレスと完全主義傾向ならびに合理的な育児行動と周囲からの受容との関連の検討」。まさに看護師および助産師として働いた経験を、フルに活かしきったテーマだ。

　その後、看護師養成機関が専門学校から四年制大学へとシフトした波に乗り、広島大助手や広島国際大教授を経て、現在は創価大看護学部にて「小児看護学概論」などの講義担当教授となっている。還暦近くだが活発に論文を発表しておられ、共著「子どもの接触体験と学習効果」『学士課程教育機構研究誌』（二〇一九年）などがCiNii Articlesの検索でヒットする。

**実例⑦　看護師から神戸大教授に**

看護関係は大学専任教員になるのに、まだまだ供給が逼迫《ひっぱく》していると述べた。その意味で千葉理恵氏は、看護師から大学教授へ転職した恰好の実例となろう。[93] 千葉氏は千葉大看護学部から看護師になり、四年ほど精神科病院などに勤務。日々の臨床看護現場で研究や教育の重要性に目覚める。〇七年に東大大学院医学系研究科修士課程に入り、一二年には東大から博士号（保健学）を精神疾患患者のリカバリーや支援に関するテーマで得ている。この間、二人のお子さんを育てたが、上司や同僚などの周りのサポートもあり、医療系研究所の研究員や自治医大の非常勤講師を歴任した。

さらに一六年からは兵庫県立大地域ケア開発研究所准教授に就任。千葉氏は、それからも能動的知的生活を継続。論文や本なども執筆し、日本私立看護系大学協会から看護学研究奨励賞を受賞。一八年一〇月からは神戸大大学院保健学研究科看護学領域の教授になっている。専門の精神看護学関係でも、特に疾患を持つ人々のその人らしい暮らしの実現や可能性を課題としているとのこと。やはり育児と研究の両立はかなり大変だったようだが、**なるようになるというマインドが功を奏したようだ。**

## ジャーナリスト出身者はやはり強い

### 実例⑧　マスメディア出身者で華麗な経歴

マスメディア関係から大学教授に転じる例は多い。やはり書くことが仕事の基本だし、情報収集活動も取材を通して慣れているなど、大学教員職といろいろと親和的だからだ。有名人としては、学習院女子大教授の石澤靖治《いしざわせいじ》氏がいる。一九五七年生まれで、立教大社会学部から『週刊ダイヤモンド』記者になり、フルブライト留学生として渡米。ハーバード大ケネディ行政大学院で修士号を取得した。

その後、『ワシントンポスト』極東総局記者や『ニューズウィーク日本版』副編集長を歴任し、二〇〇〇年には学習院女子大国際交流学部助教授に転身。**採用された理由として石澤**

氏自身が挙げているのは、新規分野開拓、海外機関所属という稀少性、非常勤講師としての教歴、一般書を含む著作実績、ハーバード大での行政学修士号取得である。

そのうえで、これまでの研究成果をまとめ、〇五年に明治大に「戦争とマスメディア——湾岸戦争における米ジャーナリズムの敗北をめぐる考察から」と題する博士論文を提出し、博士（政治学）の学位を得ている。[94] その後学長職を経験し、各種マスメディアにも多数出演している。

### 実例⑨　ネットワークを張り巡らせる

同じくマスメディア出身者として、筆者と面識のある近藤《こんどう》伸二《しんじ》氏の例を挙げたい。一九五六年生まれで、神戸大経済学部卒業後、『毎日新聞』記者として外信部や経済部記者、香港や台北の支局長を歴任。香港中文大でも学びつつ、米中台湾関係という専門を持ち、『台湾新世代』（凱風社、二〇〇三年）などのジャーナリスティックな著作を発刊。大阪在勤の論説副委員長をしていたが、役職定年が五七歳だったので、その前から大学への転職を探り出したとのこと。

一三年春頃から、大学教授に転じた先輩や大学教員に相談しつつ、「ジェイレックインポータル(J-RECIN Portal)」でアジア関係やメディア論などの公募にチャレンジしたが、二〇件近く出しても難しい状況が続いた。それでも近藤氏は決してあきらめず、移籍の機会をうかがっていたところ、編集部門のトップ(専務)から「追手門学院大経済学部が記者経験者を採りたいと言ってきているが、どうだ?」との電話があり、是非にと話がスタート。

追手門学院大は教学改革を推進するため、実務家教員の採用に力を入れ始めていて、教員採用も理事会主導で実施できることになっていた。その理事会役員の一人が、『週刊エコノミスト』の関係者を知っていた縁で編集部に話が行き、編集部門トップに報告が上がり、近藤氏に白羽の矢が立ったのである。

そのトップの方は元上司で気心が知れていたこと、近藤氏が経済記者が長かったこと、関西学院大、甲南大、京都外大などで一〇年の非常勤講師歴があったこと、役職定年が近かったこと、追手門学院大が大阪にあることなどから、適任と判断されたようだ。

海外特派員や論説副委員長を歴任するとともに、大阪経済部で関西経済関係の取材を続けてきた経歴などもあって、その後の選考過程は問題なく進んだ。学長や理事長等の面接を受け、一三年一二月に正式な採用通知をもらい、翌一四年四月に追手門学院大経済学部教授に就任。

近藤氏の場合、ジャーナリスト出身だけあり、新聞記事の他に、主に台湾に関する単著四冊、共著四冊があり、さらに『週刊エコノミスト』や『世界』などに時々寄稿していた実績も有利に働いただろう。

近藤氏によると、ジャーナリストも含め一般企業に勤めていた者が大学教員に転身しようとすると、公募のハードルは思うより高い。そのため、**実務家教員のスカウト人事の情報が入手できるようなネットワークを、日頃から張り巡らせておくことが肝要だと言う。**また、大学教員になるための準備として、非常勤講師を経験したり、本を書いたりするとさらに有利になるとのこと。

そのうえ、近藤氏の場合、記者時代の経験をフルに活用して、大学教授になってから（一財）台湾協会の機関紙『台湾協会報』で「最近の台湾情勢」というコラムを毎月連載しているほか、年に何本か台湾問題や香港問題などについて『毎日新聞』や『週刊エコノミスト』などに寄稿している。また三回ほどテレビやラジオ番組にも出演している。

授業は週六コマ（週に一回の九〇分授業を三〇回で一コマ）担当し、ゼミなど演習系の他に、「アジア経済論」「関西経済論」など数百人規模の大人数講義でも、自分が取材した人のエピソードや現場の様子など、直接経験したことを伝える点を重視している。たとえば、「アジア経済論」では、近藤氏自ら取材経験がある習近平や蔡英文の実像を写真とともに伝え、さらに、アリババ創業者の馬雲（ジャック・マー）のカリスマぶりも当時のメモに基づいて講義。テキストから学ぶ知識のみならず、臨場感も伝わり、学生の反応はきわめてよいとのこと。

そのほかに、記者時代の人脈を活かして、現役経営者やジャーナリストを授業に招聘し、学生と意見交換会などを開催。毎日新聞大阪本社に学生を同行し、社内見学やミニインターンシップを実行するなど、**まさに経歴や経験と大学教授の現場の橋渡し役をフルに実行しているようだ。**

## 実例⑩　博士号がなくてもマルチな能力で教授に

専任大学教員になるには、博士号保有者が有利ではあるが、ケースバイケースであり、保有者でなくても採用されることはある。ただし、かなりマルチな才能や経歴、それに併せて語学力も必要なようだ。[95]

宮武久佳《みやたけひさよし》氏の場合、同志社大で美学・芸術学を学んだ後に、国際基督教大修士課程で音楽美学を学びつつ、一年はカリフォルニア大ロサンゼルス校にも奨学金で留学。その後、共同通信社で記者職とデスク職を経験し、有名なフェローシップであるニーマンフェローに選ばれてハーバード大にも一年滞在。その後、一橋大の社会人用大学院（夜間）で著作権関係の専門を習得した。雑誌連載を一冊の本にまとめ、東北学院大などにて非常勤講師を務める。まさに多才を絵に描いたようなキャリアだ。

　そのようなマルチタスク対応的な宮武氏が「大学の国際化推進ができる教員公募」をしていた横浜国立大の教授に応募した時には、著作一冊、二つの修士号に加え、九八年長野冬季オリンピック・ニューズ・エージェンシーの英仏日語デスクやら、さらにＦＩＦＡワールドカップ二〇〇二日本組織委員会報道部長などを経験。**英語でも記事を書くなど、豊富な国際経験と英語の表現力も評価されたのだろう。**八十数人（そのうち半分くらいは社会人）の応募（！）があった中から選ばれ、五二歳で教授兼国際戦略コーディネーターに就任。その後、日本音楽著作権協会（ＪＡＳＲＡＣ）理事などにもなり、現在は東京理科大で知的財産論やコミュニケーション論などを教えているそうだ。まさに校務を含むマルチな仕事ができることが評価されていると言える。

　ジャーナリスト出身の石澤、近藤、宮武各氏に共通することは、海外赴任などの貴重な現場体験を著作の形で残していること。これは学術的分野への寄与とも言える。まさに受動的のみならず、活発で能動的な知的生活の実践者としても高く評価できよう。

## 大学と縁が深い業界からの転身

### 実例⑪　シンクタンク出身者

シンクタンクなどの研究所も大学との関係は深い。弊学同僚の丸楠恭一《まるくすきょういち》氏は、人と人をつなげることがきわめてうまく、なおかつ多才で行政能力にも秀でている。東大教養学部で国際政治経済関係のゼミ出身の丸楠氏は、㈱三菱総合研究所の研究員になった。多種多様なレポートなどを書いていたが、二七歳の時にプリンストン大ウッドロー・ウィルソン大学院に留学し、修士号を取得。その後も五年ほど、三菱総研にて研究員を続けるが、三〇代半ばになり、業務がマネジメントになっていくにつれ、管理行政よりも専任大学教員の道を探り始めた。

三菱総研を辞めてからは年収二五〇万円以下だったが、客員研究員としてカナダのブリティッシュコロンビア大に滞在し、学会に加入し、国際社会論に関する新書を一冊書き下ろすなどしていた。幅広いネットワークを活用して、一般誌・紙で国際問題コラムや将棋の解説記事を書いたのもこの頃で、実質フリーで生計を立てていた。

**人付き合いもよく明るい性格だったのが良かったのだろう。**留学時代や帰国前後の日本でもネットワーク（人脈）を着実に拡げることができた。三菱総研研究員退職後一年半ほどして、目白短期大が四年制の目白大に衣替えするために教員が必要となり、丸楠氏にお声がかかった。三菱総研時代のレポートや新書なども評価され、採用面接も成功し、目白大専任講師に三六歳で転職した。

一〇年度には、教授として弊学に移籍していただき、「国際社会論」や日本の政治・外交関係の授業を日本語と英語で担当。**教えることが好きでなおかつ得意なので、学生の面倒見もよい。**目白大では大学院修士課程設置に動き、弊学でも学部長の要職に就き、行政能力をいかんなく発揮した。さらに蓄積してきた研究成果を『「日本の役割」の論じ方――「トリックとしての国際貢献」をめぐって』（彩流社、二〇一〇年）という学術的単著にまとめ、それにより同志社大大学院から博士号（政策科学）を取得している。

### 実例⑫　電通から大学教授、そしてコンサルに

㈱電通から大学業界に入ったのは、横山陽二氏だ。六八年生まれの横山氏は、早稲田大政

経学部入学後、政治サークルで活躍。ハワイパシフィック大にも留学してから、九二年に電通に入社。地元の名古屋に配属され、いろいろな広告営業やマーケティング事業に従事した。広告関係のプロデューサー業務をもっぱら手がけ、本社の開発部部長などを歴任したが、非常勤講師や客員教授として授業を担当していた名古屋外国語大現代国際学部が国際教養学科を設置する時に、大学教員にならないかと誘われる。一二年にアラフォーで准教授に就任した。専門は広告・広報論や地域プロデュース論などで、『地域プロデュース入門――元気な地域はこうして創る』（中日新聞社、二〇一五年）などの著書もある。

**企業やその他の団体を含めて社会と大学の連携を学生も巻き込んで実行し、現場と研究活動をマッチングする**努力を重ねたことも良かったようだ。インターンシップなど、実務家教員ならではの良さを活かして、学生から評価されているとのこと。

横山氏は名古屋外大時代、入試やキャリア指導などの校務に加えて、教育にもかなり熱を入れていたものの、地方自治体や中小企業の広報業務を強化したいと思い立った。その結果、二〇年三月で名古屋外大を辞した。その後、地域連携や環境問題も含む広報コンサルタントとして独立し、非常勤扱いの授業を京都造形芸術大や東海学園大にて担当している。[96]

## さまざまな人生を経て大学へ

### 実例⑬　博物館研究補佐員から大学教授に

共立女子大教授の山本聡美氏は、なかなかユニークな経歴を持っている[97]。早稲田大大学院文学研究科博士課程を単位取得退学になるまで、大学や博物館の研究補佐員や専門学校などの非常勤講師を経験。専門は日本美術史（特に中世仏教絵画など）だったので、博物館の学芸員にトライしたが全敗。三二歳で早稲田大の任期制助手に採用されたものの、任期が終わっても専任職がなく、非常勤講師を掛け持ちしてかなり厳しい経済生活を送った。

ここであきらめなかったことが、勝利をもたらした。完全公募で、大分県立芸術文化短期大の専任講師に決まる。**教歴面で非常勤先のシラバスや授業評価アンケートの結果などを添付し、自分のメリットを示しつつ、出身地が近いことや地元の先生による推薦状などが効いた**ようだ。

日本美術史研究は、何と言っても博物館や美術館が集中している首都圏や関西圏が進めやすい。ところが山本氏は大分市でもくさらずに地域の文化財調査を行い、歴史研究者とも交流を開始。さらに、早稲田大での指導教授が定年近くだったことから、飛行機や新幹線で東京の大学の非常勤講師をしつつ、博士論文執筆にもスピードを上げて専念した。〇七年に、「中世六道絵の研究」と題した論文で博士号（文学、乙）を早稲田大から取得している。

博士取得、短大での教歴、そして出版などが評価され、〇八年には名古屋の金城学院大に公募で准教授として移籍。卒論指導やゼミ生引率の関西美術見学など新たな課題にも果敢に挑戦した。そして、これまでずっと非常勤講師を続けてきた共立女子大で日本美術史の公募があり、一〇年に准教授として採用された。一三年には教授に昇格し、いろいろな賞も受賞し、活発な執筆活動を続けている。

### 実例⑭　ビジネスと博士の相乗効果

ひょんなことから大学院での勉強に目覚めて、ビジネスともうまく結びつけたのが、六四年生まれの今城《いましろ》志保氏だ。[98] 京大教育学部で心理学を学んだ後、㈱リクルートに就職。夫の海外赴任のために退社して、ニューヨークに滞在。当地のニューヨーク大大学院にて、産業組織心理学と社会心理学を学び、マスターを取得した。さらにPh.Dもめざしたものの、夫の滞在期間の都合により途中で帰国。

日本では、一度退社したリクルートマネジメントソリューションズ組織行動研究所に再入社。人材サービスの商品開発や研究活動に従事し、主任研究員になった。ただし、日々の仕事だけでは知的満足感を得られず、大学の公開研究会に参加し、それをきっかけに、働きながら社会心理学の博士号を取ることを決意した。

〇五年に東大大学院人文社会系研究科博士課程に入学。科目を取っていた時には、週に三日はリクルートに勤務し、二日は大学に通うという生活リズムだった。**これも理解のある上司からの応援、さらに公開研究会で知り合った指導教授の協力があったおかげだとのこと。**時間はかかったが、その結果、一三年に「就職面接の評価内容整理のための概念的枠組みの提案と検討」と題する博士論文を東大に提出して、社会心理学の博士号を取得している。**回り道をしつつ、社会人と学界の両方を経験したからこそ、見えてきたものがあり、それらを仕事に活かす毎日のようだ。**主幹研究員にもなった今城氏は、『採用面接評価の科学――何が評価されているのか』（白桃書房、二〇一六年）という単著も出版している。

### 実例⑮　市役所から阪大准教授

七八年生まれの綿村《わたむら》英一郎氏も、キャリア的にはストレートに大学院へ行っていない。[99]東大文学部行動文化学科を卒業してから、首都圏の市役所職員として勤務。四年間ほどたち、仕事に慣れてくると同時に、大学院で学び直したいと感じるようになった。

〇七年から東大大学院人文社会系研究科の修士課程、続いて博士課程で社会心理学を学んだ。その結果、通常より短い三年間で「潜在的な応報的動機およびその量刑判断に対する影響」と題した論文を作成、博士号（心理学、甲）を取得。「光市母子殺害事件」の影響から、心理学の枠組みを使って、量刑（有罪被告人に対する刑罰）判断を分析する手法を取っている。博士号取得前は、日本学術振興会特別研究員（ＤＣ１）で研究に専念し、取得後の二年間は日本学術振興会のポスドク研究員（ＲＰＤ）になっている。

一四年には東大文学部助教ポストの公募で採用され、一七年四月から阪大大学院人間科学研究科准教授に転じている。結婚して子育てもしている綿村氏がこころがけていることは、いろいろな制約の合間を縫って効率的に研究することと、読書会や研究会などの「耳学問」を活用すること。周りの人のサポートを得るのも得意なようだ。

**実例⑯　中学校教師から院を経て、大学院専任講師**

中学や高校の教師が大学院に入り直し、大学専任教員に転じる例もある。[100] 八〇年生まれの町支大祐《ちょうしだいすけ》氏は、東大経済学部卒業後、筑波大附属駒場中・高校教師になっている。その後、横浜市の中学校教師として学校の現場で働きつつ、「子どもの学力低下」問題にも知的関心を持ち、現場と教育行政をつなぐ部分を勉強しようと院受験を決意。二三時まで仕事をして、二時まで院試対策勉強。六時には起きて朝練指導に出かけるという超ハードな生活を続け、一〇年には東大大学院教育学研究科修士課程に合格。

修士修了後は博士課程まで進み、単位取得満期退学。町支氏が博士課程で心掛けたのは、研究室の外との関わりだった。中学校の非常勤講師になり、企業との共同研究なども実行し、共同研究のパートナーから青山学院大情報メディアセンター助手の職を紹介される。これも**「一緒に仕事をしたい人」と思われたことが大きかったようだ。**

その後、立教大経営学部助教を経て、帝京大大学院教職研究科専任講師に転じた。専門は教員の人事異動・教職教育ということで、共著で『データから考える教師の働き方入門』（毎日新聞出版、二〇一九年）も出し、ご活躍のようだ。

## 実例⑰　帰国子女、子育てと研究の両立で講師へ

山辺恵理子《えりこ》氏（八四年生まれ）は幼少期をニューヨーク州で過ごし、東大教育学部を卒業

した。[101]東大大学院教育学研究科の博士課程まで進学したが、出産と育児のために一年間の休学も経験。育児経験のある研究者のアドバイスを受けつつ、自宅でもできる仕事として、英語力を活かせる翻訳を始めた。さらに関連分野の通訳などで国内外の研究者ともネットワークを構築した。その後、日本学術振興会特別研究員（DC2）になれたので、研究者の道が見えてきて、スタンフォード大での在外研究を実施。一六年には、「規範をつくり直す――共同的省察プロセスとしての修復的正義と教師」と題する論文で博士号（教育学、甲）を東大から取得した。

　この間、東大総合教育研究センターの公募にも応じて、一四～一七年まで特任研究員になっている。一七年からは公立の都留文科大文学部国際教育学科の専任講師に転じた。教育倫理や教師教育学が専門だが、**育児と研究の両立には、子育て状況への周囲の理解と自分の割り切りが大事だ**と述べている。子どもが未成年のうちは自分の能力の半分くらいしか発揮できないと想定して、今、何ができるかを熟慮したことも、成功につながったようだ。

## 開拓者たち

### 実例⑱　まずは海外で日本語専任教員という選択肢も

かなりニッチな分野だが、興味深い職歴を持つのが野平宗弘《のひらむねひろ》氏だ。[102] 七一年に生まれた野平氏は、九五年に東京外大のインドシナ語学科を卒業。その後、同大の修士課程と博士課程でじっくり時間をかけて研究。専門はベトナム文学、それも詩人のファム・コン・ティエン。〇七年には博士号を取得。この間、先輩からの紹介で、外務省研修所や東海大などで非常勤講師をして教歴をつけた。ただし、博士号を取得してからは就職先がなくて悩んでいたところ、中国の厦門《アモイ》大で日本語の教師を募集しているとの情報を得る。

自身の専攻からすると、完全な畑違いだった。しかし、厦門大は博士号を持っている日本人が欲しいとのことで、助理教授（日本の大学における助教）として契約を更新しつつ五年半教えることになった。当時このような日本人が何人かいたので、**日本で就職できないのなら、海外の大学で日本語教師をするのもよい**とのこと。

筆者の知人にも、旧帝大の国際関係論で博士号を取得したが、非常勤講師しか国内に職がなかったために、中国の大学でフルタイムの日本語教師職に就いた優秀な人がいる。中国で日本語を教えて暮らしながら、日本のアカポス・ゲットも考えているようだ。このような海外で大学関係の職に就く例は、さまざまな経験を積むことができ、国際性をアピールできるのは売りになるため今後は増えていくだろう。

野平氏に話を戻す。〇九年に、『新しい意識――ベトナムの亡命思想家ファム・コン・ティエン』（岩波書店）という学術的単著を出版し、翌年には同書で東南アジア史学会賞を得ている。このような学会賞や謙虚な研究姿勢が、評価されたようで、中国から応募して、四二歳で母校の東京外大に専任講師として採用。その後准教授に昇格している。

野平氏は博士課程入学時にすでにアラサーで周りは若い院生ばかりで不安だったため、親の支援もありがたかったと振り返る。また、**教員免許や日本語教師資格は、就職面でツブシが利く可能性もある**と指摘している。

## 実例⑲　建築士から東大博士に

工学分野なら、工業高校や高専（高等専門学校）を出てメーカーの研究開発部などに所属し、一〇年以上研鑽《けんさん》を積み、学会活動も行う。そして大学院教員のツテを頼り、論文を提出して論文博士号（乙博士）を取得するというキャリアパスがあることは、三〇年以上前にも見聞した。

似たような例としては、短大卒から東大の大学院に入り、アラフィフで博士号を取得した辻川誠氏がいる。[103] 六二年生まれの辻川氏は工業高校から一級建築士をめざして、東京職業訓練短大専門訓練課程建築科を卒業。構造の設計事務所に勤務しつつ、独学で一級建築士の資格を取得。独立して辻川設計一級建築士事務所を開設したが、木造設計の難しさに気づいた。そのために辻川氏が選んだのは、農学系の修士課程に入ることだった。

放送大学で勉強していたこともあり、短大での単位とあわせて四年制大卒に該当するかどうかが問題だった。「個別審査において、大学卒業と同等の学力を有するもの」に合致するかどうかを東大に問い合わせ、〇七年七月には個別審査に合格。

〇八年から東大大学院農学生命科学研究科修士課程に入学し、耐震性の研究で博士課程まで進んだ。ところが博士二年の冬に大病し大手術。術後の一年間も副作用の強い投薬治療で苦戦したとのこと。研究室の仲間からのサポートもあり、東大から「木造軸組工法建築物の耐震診断の改良手法の提案と実践」と題する論文が認められ、博士号（農学、甲）を取得したのは一三年だった。

アラフィフで待望の博士号をゲットした結果、**二つの分野（建築分野と木材分野）を融合させるような勉強方法を身につけること**ができ、構造設計の仕事の他に、木造耐震関係の委員、耐震審査、講習会講師などで活躍されているようだ。大病から立ち直り、最大限に勉強する機会を逃さない辻川氏の姿勢には、感動あるのみである。

### 実例⑳　旬の分野を開拓する

立教大卒業後テレビドラマの脚本家を経た樽《たる》見《み》弘紀《ひろのり》氏（五九年生まれ）は、八八年にニューヨーク大公共経営大学院修士課程に留学するという夢をかなえた。[104] その後九〇年代に立教大大学院法学研究科政治学博士課程を単位取得満期退学するが、ニューヨークでは畑違いの非営利団体（ＮＰＯ）の研究というライフワークに巡り合った。帰国後も自分でＮＰＯ関連の研究を継続していたが、ＮＰＯそのものが国内ではまだまだ知られた存在とはなっていなかった。

ところが、九八年に日本政府が「特定非営利活動促進法」を制定したために、**ＮＰＯ関係の研究が一躍スポットライトを浴び、樽見氏は先駆者の一人となる。**その波に乗った樽見氏は、ＮＰＯ関連学会の立ち上げに参加し、九九年四月には北海学園大法学部の専任講師に就任。〇五年には教授となり、日本NPO学会会長なども歴任している。二〇年には、『新・公共経営論――事例から学ぶ市民社会のカタチ』（ミネルヴァ書房）という共編著も出版するなど、さまざまな活動をしている。

## キーワードは自己満足

以上、本書では筆者の赤裸々な体験や見聞を含めて、人生一〇〇年時代の知的生活について論じてきた。多種多様な学位取得法や大学教員職への就任事例からも、大学業界と定年前後世代との間に「橋渡し」の余地があることが、おわかりいただけたかと思う。日本ではまだまだ大学（院）がしゃぶり尽くされていないし、もったいないなあと常日頃から感じる次第である。

定年前だろうが後だろうが、老後であろうが若い世代であろうが、知的生活の重要性は変わらないし、いつからスタートしても遅すぎるということはない。そのための手助けを、本書とともに、カルチャーセンターや大学（院）が少しでも担えればと思う。

ご紹介した大学教員などの就活事例からも、さまざまな教訓やノウハウが学べるのではないだろうか。もっとも、ここでは成功例だけをご紹介したので、裏には失敗例が死屍《しし》累々《るいるい》とあろうことは認めなくてはならない。身も蓋もないが、大学専任教員への就活には個人の力ではどうにもならない「運」のようなものもあると思う。

**ここでキーワードとなるのは、自己満足である。**本書に登場していただいたすべての方々は、いずれも自分なりの勉強法を会得して、マイペースで知的生活を送っておられる。それも教える、あるいは書くということを通じて、受動的知的生活のみならず、きわめて能動的な知的生活を知らず知らずのうちに実践していると言えよう。

二一世紀のＩＴ化により情報へのアクセスが容易・安価になってきたことから、かつてはごく一部の専有物だった知的な情報や学問も、**誰でもどこでもいつでも手軽に入手できるようになった。**そのために、話をしてみると、あるいは書いたものを読んでみると、その人がどの程度知的な生活をしているのかも一目瞭然《いちもくりょうぜん》な時代になってきている。すなわち、**前世紀よりもはるかに「知的格差」が目立つようになってきているし、その格差こそが今後大きな社会問題になっていく懸念がある。**好きなことができる時間を持っておられる読者諸氏には、本書によって、「自分も少しでも知的で能動的な生活をめざしたい」と思っていただけると、筆者にとっては幸甚である。

# あとがき——知的格差を超えるMASTERキートンの教訓

賢明なる読者諸氏はお気づきかもしれないが、筆者はマンガやアニメを含む日本のポップカルチャーの大ファンである。その中でも、好きなマンガの五指に入るのが、『MASTERキートン』（浦沢直樹・ストーリー／勝鹿北星、長崎尚志）。考古学者の主人公、平賀＝キートン・太一が大活躍するミステリー・マンガだ。

キートンは大学「非常勤講師」だけでは食っていけないので、保険の調査員（オプ）をしつつ、いろいろな謎を解いていくというストーリーだが、二巻に「屋根の下の巴里《パリ》」というエピソードがある。そこには、何度読んでも思わずウルっと来る大感動的な場面があり、本書にも関連しているので、ご紹介しよう。

キートンの恩師で、愛娘の名前ももらったユーリー・スコット教授。第二次世界大戦中、ロンドンがナチス・ドイツによる空襲を受けた後のシーンが、これだ。授業中の爆撃をかろうじてサバイブし、がれきの山に囲まれたスコット教授。苦しい状況でも学問への愛情や教

さあ諸君、授業をはじめよう。あと15分はある！
ゲホゲホ
ゴホゴホ
敵の狙いは、この攻撃で英国民の向上心をくじくことだ。ここで私達が勉強を放棄したら、それこそヒトラーの思うツボだ！
今こそ学び、新たな文明を築くべきです。

えるという能動的知的生活を忘れない。「さあ諸君、授業をはじめよう。あと15分はある！」のセリフは、泣かせるではないか。

※

本書の完成には、とにもかくにも、まずは編者の黒田剛史氏の粘り強い励まし、アドバイスと編集作業が欠かせなかった。

筆者の勤務校である関西学院大の教職員の皆様には、日頃からお世話になるばかりで、お礼を言いだしたらそれだけで本一冊書ける自信もある。それゆえ具体的なお名前は伏せるが、全員に「ありがとう」と言いたい。

なお、二〇年（令和二年）度は筆者にと

っては「特別研究期間」となった。弊学から一年間の研究期間（授業負担と校務負担なし）とそれに付随する研究費を頂戴したが、その成果の一部が本書の形となったことも特筆したい。

多くの協力者や支援者がいたからこそ、書けた本書でもある。黒澤満先生、加藤普章先生、米原謙先生、星野俊也先生、川﨑剛先生、古城佳子先生に加え、取材などに応じてくれた近藤伸二さん、高尾修さん、塚﨑朝子さん、福島真一さん、内山正彦さん、北島英巳さんにも御礼申し上げたい。身内の櫻田宏造・美穂、理地・有理夫妻、次男の雅久君にも多々お世話になり、ありがたかった。

出身地の長野市にある信越放送（ＳＢＣ）ラジオ局の西澤修ディレクターと飯塚敏文アナには、国際問題コメンテーターとしてお世話になり、本書のネタにもなるような知的刺激を頂戴し、いつも好きにやらせていただいている。本書も筆者の担当番組「Ｊのコラム」でリスナー・プレゼントとなる予定だが、お二方には感謝するのみである。

さて、私事で恐縮であるが、筆者は次のような体験を持つ。

最後の数年間は認知症の症状が出て、多々大変だった実母。一方で、余命半年と言われたものの、家族一致団結し、無い知恵絞り「勉強」し、肺ガンステージ四（目に転移あり、その後、脳などにも転移）からずっと介護し、五年五ヵ月もＱＯＬ（Quality of Life＝生活の質）

を保ちつつ逝った愛する妻。

享年八七の実母に対しては、信州で同居していた弟夫妻に任せきりで（妻のガン発覚のほうが実母の認知症状発覚よりも時間的に先であり、その介護を優先させた）、「親孝行」という面では、未だに内心忸怩《ないしんじくじ》たるものもある。反面、享年五四だった妻に関しては、脳にガンが転移し、計五回ものガンマナイフでの手術を受けつつも、周囲の多大なご支援も得て、どうにか生き延びた。末期二二日間の緩和ケア病棟（ホスピス）で意識がなくなり、息を引き取るまで、ずっと知的面では問題がなかったことには、感謝とともに安堵感もある。

ただし、実母についても、妻についても、亡くなる前に本書を書き終えていたら、認知症予防を兼ねて、読んでもらいたかったなあと思うばかりである。その意味で、筆者テイストのユーモア路線も無きにしもあらずだが、内容的には実はマジメ、面白くてためになるように執筆した。

本書を亡き妻美奈子と母あい子の仏前に捧げたい。

西宮市にて　櫻田大造

95　宮武、『「社会人教授」の大学論』による。
96　以上は、横山陽二『企業人から大学教員になりたいあなたへ』（ゆいぽおと、2020年）参照。
97　以下は、吉田、堀内編『博士になったらどう生きる？』、64～65頁参照。
98　以下は、吉田、堀内編、『博士になったらどう生きる？』、130～131頁参照。
99　以下は、吉田、堀内編、『博士になったらどう生きる？』、138～139頁と綿村氏のウェブサイトであるhttp://eiichiro-watamura.p2.weblife.me/profile.html（2020年10月30日アクセス）による。
100　以下は、吉田、堀内編、『博士になったらどう生きる？』、268～269頁とhttps://researchmap.jp/cdsk（2020年10月30日アクセス）による。なお本文では触れないものの、似たような例で、公立の小学校教師を経験しつつ、ある教育大学大学院の博士課程で社会科教育に関する博士号を取得して、私学の教授に転じた方もいる。
101　以下は、吉田、堀内編、『博士になったらどう生きる？』、274～275頁とhttps://researchmap.jp/yamabe（2020年10月30日アクセス）による。
102　以下は、吉田、堀内編、『博士になったらどう生きる？』、148～149頁とhttp://www.tufs.ac.jp/research/researcher/people/nohira_munehiro.html（2020年10月30日アクセス）による。
103　以下は、吉田、堀内編、『博士になったらどう生きる？』、224～225頁による。
104　以下、樽見氏の情報は、『週刊ダイヤモンド』（2019年3月2日号）、106～113頁による。

月30日アクセス）を参照せよ。

84　詳しくは、https://quod.lib.umich.edu/b/bhlead/umich-bhl-87148?view=text（2020年7月23日アクセス）を参照。

85　中野、『1勝100敗！』には巻末に中野氏が公募で落とされた「筆者がすべった大学一覧」があるが、中野氏の専門（経済学や政治学）的に、これは受からへんやろなあと感じる分野（英語教育とか）も多々あった。なお中野氏は、最終的にはコネのなかった兵庫県立大公募の最終面接に残り、面接では病気から快復中だったために、それまでの面接と異なり「反論もせず、弱気だった」（筆者の見るところ、おそらく人柄が温厚そうだと評価された）こともあり、合格。その後、神戸学院大に転職されている。

86　以上は、澤田知洋「中国への人材流出を嘆く前にすべきこと」『ニューズウィーク日本版』（2020年10月20日号）、28～29頁参照。

87　中橋文夫『わらじで舞踏会』（水曜社、2015年）参照。

88　山口智弘氏については、東京工業大ウェブサイトと、実務家教員COEプロジェクト編『実務家教員への招待』を参照。

89　平野氏のウェブサイトであるhttp://hirano-kobe.jpn.org/profile/（2020年9月2日アクセス）と松野弘『講座　社会人教授入門――方法と戦略』（ミネルヴァ書房、2019年）、164～167頁参照。

90　以下は、柿本尚志『40歳で決めた大学教員の道』（幻冬舎ルネッサンス、2008年）などによる。

91　大内孝夫『「音大卒」は武器になる』（ヤマハミュージックメディア、2015年）参照。

92　以下は、創価大のウェブサイトであるhttps://www.soka.ac.jp/faculty-profiles/takami-naganuma/（2020年8月8日アクセス）と長沼貴美「看護専門学校から学士・修士・博士、そして今は看護大学教授」松本肇編『社会人大学院生のススメ』（オクムラ書店、2012年）、73～89頁参照。

93　以下は、吉田累、堀内多恵編（栗田佳代子監修）『博士になったらどう生きる？――78名が語るキャリアパス』（勉誠出版、2017年）、258～259頁とhttps://researchmap.jp/crie/（2020年10月30日アクセス）による。

94　経歴などは、松野、『講座　社会人教授入門』、177～181頁とNDLのhttps://ndlonline.ndl.go.jp/#!/detail/R300000001-I000007778448-00（2020年9月5日アクセス）を参照。

カデミックキャリアの困難さを鋭く指摘した水月昭道氏も、任期制のない専任教員になる一歩手前までいきつつも、個人の努力だけではどうにもならない状況をうまく記録している。水月、『「高学歴ワーキングプア」からの脱出』参照。

75　筆者も母校上智大のアメリカ・カナダ研究所研究員という肩書があるが、無給ではあるものの、いろいろな情報を送ってもらえてきわめて重宝している。弊学を定年で辞めてからもこの肩書と阪大博士は残る。

76　「労務ネットニュース」https://www.labor-management.net/wp-content/uploads/2019/12/%E5%8A%B4%E5%8B%99%E3%83%8D%E3%83%83%E3%83%88%E3%83%8B%E3%83%A5%E3%83%BC%E3%82%B9vol.142.pdf（2020年10月19日アクセス）による。

77　この古代ギリシア語などの例は、宮武、『「社会人教授」の大学論』、218頁による。

78　https://cool-worker.com/545.html（2020年10月20日アクセス）

79　それでも中途採用一切なしで、年齢制限は卒業時24歳までなどのシバリがある主要企業よりも、大学業界では年齢枠はかなりユルイ。助教や専任講師ならば20歳代から30歳代後半まで、准教授なら20歳代後半からアラフィフまで、教授ならばアラサーからアラ還までと幅広い年齢層で採用人事ができる。年齢構成はその研究室、講座、学科、学部などで勘案するが、国公立大は職階別定員枠があるので、若手が有利だが、私学は定員枠が通常ないので、ベテランも採用可能となる。

80　https://mbp-japan.com/kagawa/arte-t/column/3700475/（2020年10月19日アクセス）など参照。

81　以下の情報は、具体例に富む東川仁『最新版 90日で商工会議所からよばれる講師になる方法』（同文舘出版、2018年）を参照せよ。

82　詳しくは、窪田順正「疫病禍『ギスギス社会』で『イライラ』を抑える7つの知恵」『週刊新潮』（2020年11月5日号）、46～50頁参照。

83　文科省調査であるhttps://www.mext.go.jp/content/20200825-mxt_chousa01-1419591_8.pdf およびhttps://warp.ndl.go.jp/info:ndljp/pid/11293659/、https://www.mext.go.jp/component/b_menu/other/__icsFiles/afieldfile/2012/02/06/1315583_3.pdf（2020年8

を基底とした分析』（関西学院大学博士論文、2005年）https://ndlonline.ndl.go.jp/#!/detail/R300000001-I000007950570-00（2020年7月19日アクセス）とそれを発展させた同著者『西鶴浮世草子の展開』（和泉書院、2006年）を参照。

67 この名言に加えて、詳しくは類書の中でベストセラーになった、川崎剛『社会科学系のための「優秀論文」作成術』（勁草書房、2010年）を見よ。川崎先生の博士論文 "Managing Macroeconomic Adjustments: Japanese Fiscal Policy in the Era of Global Capitalism,"Ph.D Dissertation, Princeton University, 1993.は非常にわかりやすく、往年の日米経済摩擦を知るためにも面白い。

68 勉強好きの中学生以上ならわかるくらい、この点を強調して書き下ろした拙著、『「優」をあげたくなる答案・レポートの作成術』、特に22〜27頁を参照。

69 拙著、『「優」をあげたくなる答案・レポートの作成術』、24〜26頁を加筆・訂正した。

70 早稲田大での「博士論文不正問題」では、英語の先行研究部分がコピペされていたので、その点が特に問題視されたようだ。ウィキペディアを参照。

71 なお、東大工学研究科や千葉大工学研究院などでは、審査委員と博士論文提出者だけの「予備審査会」があり、それで事前にゴーサインが出てから、誰でも参加可能な「公聴会（本書の口頭試問に相当）」が開催され、さらに博士論文についての質疑応答が続き、そこをクリアすると学位授与されるとのこと。詳しくは、斎藤恭一『大学教授が「研究だけ」していると思ったら、大間違いだ！』（イースト・プレス、2020年）、177〜184頁参照。

72 多摩大学のリポジトリで、博士論文とその要旨を入手することが可能。https://tama.repo.nii.ac.jp/?action=pages_view_main&active_action=repository_view_main_item_detail&item_id=1090&item_no=1&page_id=13&block_id=52（2020年7月22日アクセス）から入れる。

73 名倉氏の件は、『産経新聞（夕刊）』（2020年11月20日）、8頁による。

74 宮武久佳『「社会人教授」の大学論』（青土社、2020年）、30頁による。『高学歴ワーキングプア』や『アカデミア・サバイバル』（中公新書ラクレ、2009年）などで、文系博士号保有者のア

（American Political Science Association）は推薦ナシだった。

59　とりわけ理系の英文論文では常識だし、文系もかなり理系化（因果関係の特定が理論という形で可能、なおかつ再現性のある学問になること）している近代経済学などでは、「文献引用影響率（IF＝impact factor）」の高いジャーナルに掲載されると、紀要10報以上の業績になるなど、分野によって評価は異なる。IFは「論文引用度指数」などとも訳されるが、具体例としては、『大学ランキング 2021』、280〜295頁を参照せよ。

60　筒井、『文学部唯野教授』、62頁参照。なお同著の面白い点は文学理論の講義が毎回出てきて、その内容自体は学問的にも、かなりしっかりしていそうな印象を残している点である。

61　筆者の取材では、某理系大学院の話だが、指導教授の早逝により実質指導してくれる教授がいなくなり、博士号が取得できなくなったとの話も聞いた。バックアップ体制も考える必要があろう。

62　本文のケースとは別に、旧帝大の院生だった友人から80年代に聞いた話によると、そこの教授で指導を受けたわけではないが、選挙政治の大家がおられたものの、なかなか本（単著）を書かない。その友人（院生）が「先生はなぜ本を仕上げないのですか？」と尋ねたところ、その大家曰く「また選挙がやってくるから！」。友人は内心、（選挙は先生がお亡くなりになっても、あるんですけどぅ）と思ったそうな（笑）。無論まだ文系博士論文がなかなか出ない時代ではあったが、こうなってくるとこの指導教授でええんかい？　と不安になっても不思議ではない（ちなみに、この友人の「指導教授」は真逆で、論文とか本をガンガン執筆する派。その指導教授のネットワークで、彼もある国立大に就職した）。

63　益本仁雄氏については、大妻女子大のウェブサイトである、http://www.gakuin.otsuma.ac.jp/teacher_search/teacher/detail.php?id=42（2020年11月22日アクセス）と『大妻女子大学家政系研究紀要』47巻（2011年）、3~6頁による。

64　詳しくは、大村大次郎『あらゆる領収書は経費で落とせる』（中公新書ラクレ、2011年）などを参照せよ。

65　拙著、『大学入試 担当教員のぶっちゃけ話』として発刊。

66　井原西鶴を研究対象としている、筆者の優秀な同僚の博士論文がこの好例となろう。森田雅也『西鶴文芸史の研究——受容理論かとのお誘いも受けた（短大勤務時代）し、この教授には博士号に匹敵する（！）と過大評価されたものの、冷静に見ると努力賞ではあるが、博士号にはならないと思う（笑）。来ないかの話も教授会までいったようだが、その後立ち消えとなった。

53 米原先生は、近著として、『山川均』（ミネルヴァ書房、2019年）があり、星野先生とは筆者のNZ時代に国際会議で再会していた。狭い世界である。

54 各大学や大学院で異なるものの、大学学部教授会や大学院研究科委員会用語である「懇談」事項というのは、重要で新しいことに着手する時に、反対意見がないかを確認する案件であり、異議がない時や緊急案件なら、「懇談」事項を「審議」事項に切り替え、決を採ることもある（あまり重要でない案件は「報告」事項）。民主化された教授会はこういう感じだが、トップダウン型政策決定過程を持つ大学だとおそらく違ってくるだろう。

55 ちなみにこの院生さんは、その後筆者の同僚となったASEAN研究の権威、重政公一《しげまさきみかず》先生であり、もう一人の筆者をカバーしてくれた優秀な院生さんが、現在、中京大学教授の古川浩司先生であった。国際関係論における構成主義については、大矢根聡編『コンストラクティヴィズムの国際関係論』（有斐閣、2013年）が何と言っても、とてもわかりやすい。

56 無論、主査の指導教授が博士論文にゴーサインを出さないとダメなのは基本である。筆者の見聞した話では博士号を英国の大学院で取ろうとしたあるカナダ人政治学院生が、指導教授と結論部分が合わなくて、口頭試問で落とされたとのこと。あるいは、NZ、オーストラリア、カナダの課程博士だと、口頭試問で問題点を指摘され、修正のうえで合格となるのだが、1週間かけて修正すれば即座に博士になれるにもかかわらず、あえて修正しなかった例もあるとのこと。Interview with Jonathan Rose, Nishinomiya, Oct. 18, 2002, and Interview with Lee-Anne Broadhead, Toronto, Aug. 20, 1991.による。

57 中野、『1勝100敗！』参照。

58 細かな情報は関心のある学会のウェブサイトに掲載。たとえば、筆者所属の政治学や地域研究関係だと、日本政治学会、日本国際政治学会、国際安全保障学会、アメリカ学会、日本カナダ学会で推薦が必要であり、今は所属してないが、アメリカ政治学会

46　筆者の知る限り、文系社会科学の課程博士号を出しやすい大学院は、東大の一部、筑波大、成蹊大など、ごくごく一部に限定されていたのが、90年代半ば頃までの状況だった。

47　指導教授はピーター・ドライスデール（Peter Drysdale）教授にお願いして、Ph.Dのテーマとしては「1971年第二次ニクソンショックにおける日加の対応」を考えていたが、最終的にこのテーマは日本語と英語の共著（1つの章）となった。拙著「第二次ニクソンショックへの対応政策」黒沢満、ジョン・カートン編『太平洋国家のトライアングル――現代の日米加関係』（彩流社、1995年）、41～72頁と若干異なるが、その英語版であるDaizo Sakurada, “The ‘Nixon Shokku’ Revisited,” in *The North Pacific Triangle: The United States, Japan, and Canada at Century's End,* ed. Michael Fry, et al. (Toronto: U of Toronto P, 1998), 17-35. を参照せよ。

48　この在外研究の１つの成果が、Daizo Sakurada, “Why We Need the US-Japan Security Treaty,” *Asia-Pacific Review* (Spring/Summer 1998), 13-38.になり、査読付き論文として発表した。なお、徳島大からの給与もきちんと出たが、在NZ中に受かった文部省からの科学研究費（科研費）は、当時のルールで辞退せざるを得なくなり、泣いた。

49　以下の表含めて、M・J・ウォレス（萬戸克憲訳）『スタディー・スキルズ――英米の大学で学ぶための技術』（大修館書店、1991年）、167～168頁を参照し、拙著『「優」をあげたくなる答案・レポートの作成術』（講談社文庫、2008年）、175～177頁を加筆・訂正した。

50　最新のこのような研究としては、John Kirton, “The Policy Influence of Canadian Foreign Policy Scholars,” in *Canadian Foreign Policy: Reflections on a Field in Transition,* ed. Brian Bow and Andrea Lane (Vancouver: UBC Press, 2020), 97-113. が面白い。

51　すべては、図書館で借りることができる拙著『カナダ外交政策論の研究――トルドー期を中心に』（彩流社、1999年）を参照。なお紙媒体で出版したために、拙著は阪大のリポジトリにしていないが、博士論文要旨と講評はウェブサイトで読める。

52　修論の一部は短大時代に英語論文として発表した。修論とほかの英文論文は、ある分野の大物教授（故人）に、コネを通じて読んでいただき、GMARCH関関同立レベルのうちの大学にこない

ox.ac.uk/students/academic/higher-doctorates（2020年7月18日アクセス）を参照。カナダ・アメリカでは、研究よりも社会人としての功績のために、「名誉博士（Honorary Doctorate）」を閣僚や経営者などに授与したりする。この場合、学術的論文などが口頭試問を経て認定されるわけではない。また北米では、博士候補者（Ph.D candidate）になるには、一定の課程（コースワーク）を受け、所定の総合試験（comp＝comprehensive exams）に合格してから、ようやく博論テーマを設置し、提出できる。そのために、文系だとPh.D取得には、日本よりも数年余計に時間がかかる場合が多い。

**42** 以上は、花岡正樹『50歳からの大学案内 関西編』（ぴあ株式会社、2018年）、202～212頁、大阪大ウェブサイトであるhttps://ir.library.osaka-u.ac.jp/repo/ouka/all/73575/30813_Abstract.pdf（2020年8月30日アクセス）参照。

**43** 254～257頁参照。企業などでの高い専門性や法学分野での弁護士、税理士、政治学分野での官僚や政治家など「実務家」教員もいて、博士号が必須でない分野もあるものの、保有していたほうが保有していない応募者より人事の際、高い評価になるのはフツーであり、持っていてケシカラン！　というような大学はちょっとアヤシイ。なお、見聞した話では、某大学で某学部を新規に設置することになった。必ずしも執行部全員一致で創設に賛成したわけでなく、内部でいろいろなことがあったが、学部長就任予定者が何とアメリカの大学でPh.Dを、日本の旧帝大で博士号を取ったダブルドクターであり、研究業績が豊富なことに加え、英語と別の言語のトリリンガルだったので、反対派からもあまり文句は出なかったとのこと。

**44** さらに筆者の取材によると、文部省による国立大教養部廃止の動きが始まった90年代以前は、一般教養（教育）課程で英語、独語、仏語中心に必修科目があったので、優秀な修士課程修了院生はあえて博士課程に進まず、修士のまま語学専任教員として大学や短大に就職することが多かったとのこと。団塊世代前後の生まれだと、そもそも大学院進学率は高くなかったし、院に行くほどの財政的余裕もないために、優秀だったけれど院進学をあきらめたというケースも多々お聞きした。

**45** 水月、『「高学歴ワーキングプア」からの脱出』、182～183頁参照。

ありで、非常によい。一方で、今後65歳まで定年が延長され、日本人の現平均年齢が約48歳の「一億総活躍社会」では、アラサーでの就職や転職もフツーになり、性格などが職場でマッチングするなら、博士号取得者もそれなりに評価されるのではと感じる。今後はアラサー以上の第二新卒市場も拡大していくと思われる。

34　拙稿『関西学院史紀要』第26号（2020年）、7～41頁、https://core.ac.uk/download/pdf1323563782.pdf（2020年7月16日アクセス）

35　これは、America counts staff, "About 13.1 Percent Have a Master's, Professional Degree or Doctorate," (Feb., 21, 2019) による。https://www.census.gov/library/stories/2019/02/number-of-people-with-masters-and-phd-degrees-double-since-2000.html（2020年7月23日アクセス）。

36　西東美智子「日本の博士は損してる？」『More biz+』（2017年3月17日）https://www.vision-net.co.jp/morebiz/phd_global/（2020年7月17日アクセス）による。

37　データは若干古いが、紙媒体としては、英語の「共通一般試験例題」「論文試験例題」もついている勝野正恒、二村克彦編『国際公務員をめざす若者へ』（国際書院、2005年）が、体験記を含み今なお価値がある。

38　実務家教員COEプロジェクト編『実務家教員への招待 人生100年時代の新しい「知の創造」』（社会情報大学院大学出版部、2020年）を参照せよ。

39　蔡英文については、口頭試問も問題なくクリアし、「国際貿易についても深い学術的背景を有する」と付記され、1つの博士号と半分の国際貿易学博士号に相当する論文を提出。近藤伸二『米中台　現代三国志』（勉誠出版、2017年）、219～222頁参照。

40　以上、中村修二『怒りのブレイクスルー』（集英社文庫、2004年）を参照。

41「論博（乙博士）」については、日本独自の正式な学位であるが、オックスフォード大などでは、世界レベルで卓越したオリジナルな研究成果をあげた者に対して、Doctor of Letters（D. Litt）などの学位を授与している。課程（コースワーク＝course work）を修了しなくても、名誉学位ではない博士号を取得するということでは、日本の論博制度と似ている。たとえば、https://www.

とえば、経営学修士（Master of Business Administration＝MBA）では、小樽商大、早稲田大、事業構想大、筑波大、グロービス経営大、青山学院大、明治大、中央大、法政大、同志社大、神戸大、関西学院大、一橋大、兵庫県立大、事業創造大、県立広島大、SBI大、立命館大、ビジネス・ブレークスルー大、九州大、北九州市立大の21校がその対象となっている。https://www.agaroot.jp/domestic_mba/column/benefit/（2021年3月13日アクセス）も参照せよ。

29 具体的に、神前悠太、他『学歴ロンダリング』（光文社、2008年）によれば、筑波大、千葉大、東京理科大の学部出身者が修士号を東大で取っている。

30 この点は、拙著、『大学入試 担当教員のぶっちゃけ話』、195～200頁参照。

31 筆者自身、入学は上智大、編入はシアトル大でまずそこを卒業、上智に復学して卒業、トロント大で修士号、そして阪大で博士号と、学歴ロンダと言われればそうであろう。なお、（そのランク付け手法には、異論も多々あるが）タイムズ・ハイヤー・エデュケーション（THE）によると、上智大とシアトル大は1001位以下で圏外、トロント大は世界第18位、阪大は世界第351～400位内となっている。トロント大で学歴ロンダした筆者は、阪大が最終学位認定校なので、逆学歴ロンダだろうか（笑）？ https://www.timeshighereducation.com/world-university-rankings/2021/world-ranking#!/page/0/length/25/sort_by/rank/sort_order/asc/cols/stats（2020年9月3日アクセス）参照。

32 筆者がカナダ外務省外交史料館館長（当時）でカナダ研究客員教授として弊学に赴任していた（故）グレッグ・ドナヒー一家と中華料理とビールで食事しながら取材していた時に、まさにカナダや米国では大学は高校だから、修士以上で何をやるか考えたほうがいいと、ドナヒー先生がご子息たちにアドバイスしていた！ Interview with Greg Donaghy, Nishinomiya, Oct., 14, 2014.

33 なお、日本でも理系の場合は研究職に就くには、修士号以上の学歴が必須。博士号までいくと年齢がだいたい27歳くらいになるので、年功序列や終身雇用を維持している伝統的な有名企業は、博士採用をあまりしてこなかった。山田剛志『搾取される研究者たち――産学共同研究の失敗学』（光文社新書、2020年）が実例

（東京大学出版会、1989年）であり、英文では Robert Keohane and Joseph Nye, Jr., *Power and Interdependence, 4th Ed.*, (New York: Longman, 2011); Robert Keohane, *After Hegemony: Cooperation and Discord in World Political Economy* (Princeton: Princeton UP, 1984) であり、カナダ関係では、David Dewitt and John Kirton, *Canada as a Principal Power: A Study in Foreign Policy and International Relations* (Toronto: John Wiley, 1983); J. L. Granatstein and Robert Bothwell, *Pirouette: Pierre Trudeau and Canadian Foreign Policy* (Toronto: U of Toronto P, 1990); Joseph Jockel, *Canada in NORAD, 1957-2006: A History* (Montreal: McGill-Queen's UP, 2007) などである。

**20**　ロングセラーになり、とても読みやすい谷口忠大『ビブリオバトル』（文春新書、2013年）を参照せよ。

**21**　データは、科学技術・学術政策研究所のウェブサイトである https://www.nistep.go.jp/sti_indicator/2019/RM283_32.html（2020年8月30日アクセス）による。

**22**　ロバート・フェルドマン、ちきりん「社会人の学び直しが日本を強くする」『週刊文春』（2020年8月13日・20日合併号）、特に133〜134頁を見よ。

**23**　以上は、塚﨑朝子氏への電子メール取材、2020年10月30日、11月2日と筑波大のホームページである http://www.gssm.otsuka.tsukuba.ac.jp/about/field.html（2020年10月31日アクセス）などによる。

**24**　http://www.pp.u-tokyo.ac.jp/wp-content/uploads/2020/06/PDF-788-KB.pdf と http://www.pp.u-tokyo.ac.jp/en/news/2019-10-24-22576/（2020年8月26日アクセス）

**25**　https://www.c.u-tokyo.ac.jp/graduate/daigakuinadmin/M_result_2019.pdf（2020年8月26日アクセス）

**26**　https://www.sg.kyoto-u.ac.jp/sg/admission/outline/（2021年3月13日アクセス）などを参照。

**27**　https://law.kyoto-u.ac.jp/graduate/nyushi/hakase/（2021年3月13日アクセス）などを参照。

**28**　『スタディサプリ社会人大学院　2021年度版』（リクルートムック）222頁、厚労省のウェブサイトである https://www.mhlw.go.jp/stf/seisakunitsuite/bunya/koyou_roudou/jinzaikaihatsu/kyouiku.html（2020年8月27日アクセス）などを参照。なお、た

述筆記で入力させるか、手書きだった。

12　筆者が20歳の時にアメリカのシアトル大に編入した際には、英語のリスニングがまだまだ足りなく、担当教員にお願いして「筆者のみが使用する」ことを条件にある授業の録音を了解してもらった。寮に帰って聞き返し、ノートにまとめていったが、リスニング力向上に抜群の効果があったほか、内容も覚えて当該授業は無事A（80点以上。最高の優にあたる）で終えることができた。次学期からはテープなしで、どうにかノートがとれるようになった。

13　この逸話は某先生からお聞きした。さすがに筆者のことではない。

14　筆者が徳島大時代にきわめてお世話になった、ホッブズ専門家の林喜代美先生と、このようなことを議論したのを覚えている。

15　詳しくは、拙著『対米交渉のすごい国』（光文社新書、2009年）の特に21〜32頁参照。国連が世界政府になれない原因や課題についても、拙著では指摘しているし、そのためにまず安保上は自助努力、なおかつ日米安保体制などで脅威を抑止する必要性も指摘。

16　拙著『NORAD《ノーラッド》 北米航空宇宙防衛司令部』（中央公論新社、2015年）参照。英語のツィッターでNORADを知るには、ともかくマニトバ大のアンドレア・シャローン（Andrea Charron）先生のツイッターがベストである。NORAD自身もツイッターで発信しているが、12月のクリスマスシーズンではサンタクロース追跡一色になる。

17　たとえば、日本語のウィキペディアのNORADの項目は簡素すぎる。反対に英語のウィキペディアの Osamu Tezuka の項目では、医師免許を取った出身校が、MD, Ph.D（Nara Medical University）と誤記されているが、正確にはMD（Osaka University）、Ph.D（Nara Medical University）である（2020年7月19日アクセス）。

18　この点は中野雅至『1勝100敗！——あるキャリア官僚の転職記』（光文社新書、2011年）内で触れられた、当時新潟大教授の藤井隆至氏の指摘でもある。

19　筆者にとっての「古典」は、国際政治分野では邦語で、山本吉宣『国際的相互依存』（東京大学出版会、1989年）、田中明彦『世界システム』（東京大学出版会、1989年）、佐藤英夫『対外政策』

8　筆者が愛読する久住昌之原作、谷口ジロー作画『孤独のグルメ2』（扶桑社、2015年）、第8話でも主人公の井之頭五郎が東大の学食で「エコノミー」定食などをおいしそうに食べている。
9　ベストセラーとなった水月昭道『高学歴ワーキングプア』（光文社新書、2007年）と同『「高学歴ワーキングプア」からの脱出』（光文社新書、2020年）を参照せよ。なお、純粋公募で勝ち残った若手の大学教員には、かなり優秀な層がいるという印象を筆者は持っている。30年前の某有名大教授のように、20年間1報も学術論文を書かなかった（！）などの「豪傑話」はあまりなくなっているのでは？
10　筆者の見聞した、二人の大学しゃぶり尽くし派の学生の話をしよう。某旧帝大の経済学部に第二志望（第一志望は余裕で不合格とのこと）で受かった某元学部生は、在学中に「トビタテ！留学JAPAN」の奨学金をもらい、英語圏の大学経済学部に2学期交換留学制度で行った。なおかつデンマークに1ヵ月滞在したのみならず、JICAなどからの多様な支援金をもらい、韓国、中国、モンゴル、フィリピン、インドに短期滞在し、学生主体の英語による会議などにも参加。国内外のホテルなどで実施されるワークショップにも出席。さらに通学していた大学の外国人宿舎で舎監のバイトをし、異文化を知りつつ、教員のみの研究会にもちゃっかり出席して多種多様な宴会にも顔を出した。すべて「タダあるいは儲けが出る感じ」であり、文字通り大学内外のプログラムを「しゃぶり尽くした」と言える。英語もどうにかできるようになり、就活も本人は満足する形で終えたようだ。別の主要私学国際系学部に受かった某元学部生は、通常よりも1年遅れたものの、交換留学で米国の州立大に留学。そこでもキチンと単位を取得し、帰国。ただし、どうしても就活が4年次の6月以降になったので出遅れ感は否めず、半年間卒業を延期。コロナ禍にもかかわらず、最終的には自分の興味のある分野の営業職で有力企業から幹部候補生として内定をもらう。大学では英語、会計科目など含めて160近くの単位を取りまくったとのこと（メデタシ、メデタシ）。
11　驚くかもしれないが、アラ還の筆者以上の年代の英語母語話者でも、ブラインドタッチができない研究者がいる。カナダのある先生はツーフィンガーでそれなりに器用にパソコン入力していたし、NZ時代の筆者のボスはまったくタイプが打てず、秘書に口

# 注　釈

1　「ジョハリの窓」については、小島俊一『会社を潰すな！』(PHP文庫、2019年)、137〜139頁とポテクト「ジョハリの窓で自己分析」https://potect-a.com/utilization/johari_window/（2020年8月6日アクセス）を参照した。

2　『週刊ポスト』(2020年9月4日、9月11日号)、https://www.thelancet.com/journals/lancet/article/PIIS0140-6736 (20) 30367-6/fulltext（2020年8月26日アクセス）参照。

3　さらに、認知症自覚症状がある初期発症者の場合、大学や生涯学習センターなどで学習の機会を与え、知的刺激を惹《じゃっ》起《き》すると、新たな進行の防止にもつながりうるという研究もある。鈴木尚子「認知症高齢者への学習機会創出の意義」『徳島大学 人と地域共創センター紀要』第29巻（2020年)、45〜65頁。https://www.tokushima-u.ac.jp/fs/1/7/2/1/2/2/_/_29_.pdf（2020年8月6日アクセス）を見よ。

4　以下は、拙著『大学入試 担当教員のぶっちゃけ話』(中公新書ラクレ、2013年)、特に22〜28頁参照。ナカイド/Fランク大学特別講義「元Fラン6年生がFランク大学にありがちなことを5つ紹介します」https://www.youtube.com/watch?v=P0rfoJsPw-c（2010年7月14日アクセス）。

5　この数字は、『大学ランキング 2015』(朝日新聞出版、2014年）および『大学ランキング 2021』(朝日新聞出版、2020年）による。なお、筆者が最初に勤務した信州短期大の経営学科は開学から25年目の2013年度に最後のビジネス学科卒業生を出し、経営系列の学科を廃止。その後佐久大信州短期大学部福祉学科になっている。30年の歩み編集委員会編『信州短期大学記念誌 信州短期大学30年のあゆみ』(私家版、2018年)、234〜235頁など参照。

6　詳しくは大学改革支援・学位授与機構のウェブサイトを参照せよ。https://www.niad.ac.jp/（2020年8月21日アクセス)。

7　JMOOCについては、https://www.jmooc.jp/（2020年7月14日アクセス）を見よ。英語で同じように大学講義を受けられるMOOCが元祖。

ラクレとは…la clef=フランス語で「鍵」の意味です。
情報が氾濫するいま、時代を読み解き指針を示す
「知識の鍵」を提供します。

**中公新書ラクレ**
**728**

# 「定《てい》年《ねん》後《ご》知《ち》的《てき》格《かく》差《さ》」時《じ》代《だい》の勉《べん》強《きょう》法《ほう》

## 人生《じんせい》100年。大学《だいがく》で学《まな》び、講師《こうし》で稼《かせ》ぐ

2021年 5 月10日発行

著者……櫻田大造《さくらだだいぞう》

発行者……松田陽三
発行所……中央公論新社
〒100-8152 東京都千代田区大手町 1-7-1
電話……販売 03-5299-1730　編集 03-5299-1870
URL http://www.chuko.co.jp/

本文印刷……三晃印刷
カバー印刷……大熊整美堂
製本……小泉製本


Published by CHUOKORON-SHINSHA, INC.
Printed in Japan　ISBN978-4-12-150728-0　C1237

## 中公新書ラクレ　好評既刊

L401
### 大学教員　採用・人事のカラクリ
櫻田大造 著

大学教員になるための秘訣・裏ワザを一挙公開！　新学部設置や、採用人事に携わり、業界の内部事情に通じた現役教員が、「採る側の論理」を明かす。給与、昇進、派閥、公募、コネ、雑務……等々の赤裸々な実態も、取材とデータをもとに公開。大学教員への就職活動の成功事例、失敗事例を数多く紹介し、採用の決め手が何なのかを検証。団塊世代の定年退職で市場が動く今こそ、新たな「傾向と対策」を！

L695
### 回想のすすめ
——豊潤な記憶の海へ

五木寛之 著

不安な時代にあっても変らない資産がある。それは人間の記憶、一人ひとりの頭の中にある無尽蔵の思い出だ。年齢を重ねれば重ねるほど、思い出が増えていく。記憶という資産は減ることはない。齢を重ねた人ほど自分の頭の中に無尽蔵の資産があり、その資産をもとに無限の空想、回想の荒野のなかに身を浸すことができる。これは人生においてとても豊かな時間なのではないだろうか。最近しきりに思うのだ。回想ほど贅沢なものはない。

L702
### 山へようこそ
——山小屋に爪楊枝《つまようじ》はない

石丸謙二郎 著

「爪楊枝が、山小屋にはなぜないのだろう？」。NHKラジオ「山カフェ」のマスターとしてもおなじみの石丸さんが、山で感じる些細な疑問の数々に答えます！　道具の選び方や、山小屋でのマナー。おすすめのストレッチ法や、大自然との触れ合い方、そして、一歩上の山の愉しみ方……。アウトドアの達人としても知られ、50年近く山登りに親しんできた著者による、山へのいざない。まずは近場の山から、週末あたり登りに出かけてみませんか？

L704

## 大学とオリンピック 1912-2020
——歴代代表の出身大学ランキング

小林哲夫 著

日本のオリンピックの歴史は大学抜きには考えられない。戦前、オリンピックの精神として貫かれたアマチュアリズムに起因し、両者の親和性は極めて高い。実現には至らなかった1940年東京大会では、構想から大学が深く関わった。戦後、企業スポーツ隆盛の時代へと移ってもなお、大学生オリンピアンは不滅だ。1912年大会から2020年東京大会までを振り返り、両者の関係から浮かび上がる、大学の役割、オリンピックの意義を問う。

L708

## コロナ後の教育へ
——オックスフォードからの提唱

苅谷剛彦 著

教育改革を前提から問い直してきた論客が、コロナ後の教育像を緊急提言。オックスフォード大学で十年余り教鞭を執った今だからこそ、伝えられること——そもそも二〇二〇年度は新指導要領、GIGAスクール構想、新大学共通テストなど一大転機だった。そこにコロナ禍が直撃し、オンライン化が加速。だが、文科省や経産省の構想は、格差や「知」の面から諸問題をはらむという。以前にも増して地に足を着けた論議が必要な時代に、処方箋を示す。

L717

## ビジネスパーソンのための「言語技術」超入門
——プレゼン・レポート・交渉の必勝

三森ゆりか 著

社会で真に求められるのは、論理的思考力を活用して考察し、口頭や記述で表現できる人材である。しかし「国語」の教育は受けたはずなのに、報告書が書けない、交渉も分析もできないという社会人は多い。これまで有名企業や日本サッカー協会などで「言語技術」を指導してきた著者が、社会に出てから使える本当の言語力＝世界基準のコミュニケーション能力を身につけるためのメソッドを具体的に提示。学生・ビジネスパーソン必読の一冊！

L718

## 老いる意味
——うつ、勇気、夢

森村誠一 著

老いれば病気もするし苦悩もする。老人性うつ病を克服した著者の壮絶な体験を告白。だが、身体が老いても病を経験しても心は老いてしまうわけでない。老いを恐れず残された日々を自然体でいること。良いことも悪いこともすべて過去の出来事として水に流す。老いの時間を「続編」や「エピローグ」のつもりでなく「新章」にすればいい。夢は広がり、いくつになっても新しいことが始められる。米寿を迎えた作家・森村誠一渾身の「老い論」の決定版。

L719

## 「失敗」の日本史

本郷和人 著

メディアで引っ張りだこの東京大学史料編纂所・本郷和人先生が、「日本史×失敗」をテーマにした新書を刊行！　元寇の原因、実は鎌倉幕府側にあった？　生涯のライバル、上杉謙信・武田信玄ともに跡取り問題でしくじったのはなぜ？　明智光秀重用は織田信長の失敗だと断言できる？　日本史を彩る英雄たちの「失敗」を検証しつつ、そこからの学び、さらには「もし成功していたら」というifまで展開。失敗の中にこそ、豊かな〝学び〟はある！

L720

## 世界の日本人ジョーク集　令和編

早坂　隆 著

累計100万部突破の定番シリーズが、令和に時を移して再登場。菅総理が就任し、トランプ大統領は退任、そして世界を覆うコロナの影……。混迷が続く今、日本人が登場するさまざまなジョークを土台にしながら、平成から令和への移り変わりを描く。国際社会で、存在感はあるのかないのか？　科学技術大国は健在？　日本人というキャラクターは、どのような「キャラ変」を遂げたのか。浮き彫りになる日本人のお国柄を、笑いとともに見直そう！

L722

## 増補版　駆け出しマネジャーの成長論
——7つの挑戦課題を「科学」する

中原　淳 著

突然、管理職に抜擢された！　年上の部下、派遣社員、外国人の活用方法がわからない！　飲みニケーションが通用しない！　プレイヤーとしても活躍しなくちゃ！　社会は激変し、一昔前よりマネジメントは格段に難しくなった。困惑するのも無理はない。人材育成研究と膨大な聞き取り調査を基に、社の方針の伝達方法、多様な部下の育成・活用策、他部門との調整・交渉のコツなどを具体的に助言。新任マネジャー必読！　管理職入門の決定版だ。

L723

## 「スパコン富岳」後の日本
——科学技術立国は復活できるか

小林雅一 著

世界一に輝いた国産スーパーコンピューター「富岳」。新型コロナ対応で注目の的だが、真の実力は如何に？　「電子立国・日本」は復活するのか？　新技術はどんな未来社会をもたらすのか？　莫大な国費投入に見合う成果を出せるのか？　開発責任者や、最前線の研究者（創薬、がんゲノム治療、宇宙など）、注目AI企業などに取材を重ね、米中ハイテク覇権競争下における日本の戦略や、スパコンをしのぐ量子コンピューター開発のゆくえを展望する。